MAPA DEL MILLÓN

los caminos hacia la riqueza

Edimilson Franca

CONTENTS

Title Page
Mapa del millón: los caminos hacia la riqueza 1
Introducción: El futuro de la riqueza 2
La revolución de la inteligencia artificial 3
IA y previsión de tendencias del mercado 4
Automatización y Emprendimiento Digital 5
Las redes sociales y el poder del marketing de influencers 7
El papel de las plataformas digitales 8
democratización de la riqueza: un camino accesible 9
Capítulo 1: La era digital y la nueva riqueza 10
Capítulo 2: Inteligencia artificial y el poder del algoritmo 16
Capítulo 3: Negocios automatizados: ganancias pasivas con IA 21
Capítulo 4: De cero a un millón con startups de IA 26
Capítulo 5: El poder de las redes digitales 30
Capítulo 6: Educación financiera e inteligencia artificial: aprender rápido 35
Capítulo 7: El impacto de las criptomonedas y Blockchain 40
Capítulo 8: IA en el mundo de las inversiones: cómo maximizar las ganancias 45
Capítulo 9: Monetizar habilidades con plataformas digitales 50

Capítulo 10: El poder de la automatización en el comercio electrónico	55
Capítulo 11: Inversión inteligente con IA	61
Capítulo 12: Herramientas de IA para emprendedores en ciernes	67
Capítulo 13: La economía colaborativa y la nueva riqueza	71
Capítulo 14: Emprendimiento tecnológico: la próxima frontera	75
17 Cómo la IA está revolucionando el marketing digital	80
1. Análisis de datos y predicción de comportamiento	81
2. Personalización a escala	82
3. Optimización de campañas en tiempo real	83
4. Chatbots y servicio al cliente automatizado	84
5. Anuncios programáticos con IA	85
6. La importancia del SEO inteligente	86
Ejemplos de éxito con la IA en marketing digital	87
La IA como el futuro del marketing digital	88
Capítulo 16: Invertir en innovaciones tecnológicas	89
Capítulo 17: Experimente la economía y la personalización con la IA	94
Capítulo 18: Cómo la inteligencia artificial remodelará el futuro de la riqueza	99
Capítulo 19: El camino más rápido hacia un millón: estrategias actuales	105
Pensamientos finales: su hoja de ruta hacia un millón	111

MAPA DEL MILLÓN: LOS CAMINOS HACIA LA RIQUEZA

INTRODUCCIÓN: EL FUTURO DE LA RIQUEZA

En el siglo XXI, el concepto de riqueza está siendo redefinido radicalmente, impulsado por la convergencia de las nuevas tecnologías, en particular la Inteligencia Artificial (IA), las redes sociales y las plataformas digitales. La revolución digital no sólo ha acelerado la forma en que se genera y acumula el dinero, sino que también ha democratizado el proceso de creación de riqueza, ofreciendo oportunidades que antes estaban reservadas sólo para una élite financiera. En este escenario, cualquier individuo con acceso a las herramientas correctas y el conocimiento adecuado puede emprender el camino hacia el éxito financiero, incluso comenzando desde cero.

LA REVOLUCIÓN DE LA INTELIGENCIA ARTIFICIAL

La Inteligencia Artificial, que ya se ha infiltrado en casi todos los aspectos de nuestras vidas, está desempeñando un papel central en la nueva era de creación de riqueza. Para comprender el impacto de la IA en la economía, es fundamental que reconozcamos cómo ha ido transformando el mercado, desde la automatización de procesos hasta la predicción de tendencias con una precisión sin precedentes.

La capacidad de la IA para procesar y analizar grandes cantidades de datos en un tiempo increíblemente corto ha revolucionado la forma en que se toman las decisiones financieras. En el pasado, para tomar una decisión estratégica era necesario confiar en análisis humanos que requerían mucho tiempo, a menudo basados en interpretaciones subjetivas. Hoy en día, con la IA, los algoritmos pueden revisar miles de informes financieros, analizar las fluctuaciones del mercado e incluso predecir cambios antes de que sean perceptibles para el ojo humano. Este poder permite a inversores y emprendedores tomar decisiones más rápidas y efectivas, evitando errores que podrían resultar catastróficos en tiempos de volatilidad.

IA Y PREVISIÓN DE TENDENCIAS DEL MERCADO

Uno de los mayores atractivos de la IA es su capacidad para predecir tendencias. Con el aprendizaje automático, la IA analiza patrones históricos y, a diferencia de los humanos, es capaz de aprender de los datos en tiempo real, ajustando sus predicciones a medida que evoluciona el mercado. Este tipo de análisis predictivo se está convirtiendo en una herramienta esencial para inversores y empresas que buscan anticipar cambios económicos e identificar sectores prometedores antes de que se vuelvan evidentes para la mayoría.

Por ejemplo, los algoritmos de inteligencia artificial se utilizan en el mercado de valores para identificar patrones de compra y venta que preceden a cambios significativos en los precios de las acciones. Al integrar estos algoritmos en sistemas comerciales automatizados, los inversores pueden ejecutar transacciones en fracciones de segundo, aprovechando las fluctuaciones mínimas del mercado. Algunos de los millonarios modernos, como los administradores de fondos de cobertura y los operadores de alta frecuencia, han construido sus fortunas utilizando estos sistemas automatizados basados en inteligencia artificial.

AUTOMATIZACIÓN Y EMPRENDIMIENTO DIGITAL

Además de su capacidad para predecir tendencias, la IA está impulsando el emprendimiento digital, automatizando tareas que antes consumían gran parte del tiempo y recursos de los emprendedores. Hoy en día, las herramientas basadas en IA pueden gestionar todo, desde el servicio al cliente hasta campañas de marketing personalizadas, permitiendo a los empresarios individuales o a las pequeñas empresas operar con la eficiencia de las grandes corporaciones.

Plataformas como Shopify y Amazon, por ejemplo, ya ofrecen soluciones integradas de inteligencia artificial que automatizan los procesos de ventas, desde las recomendaciones de productos hasta el servicio posventa. La IA también facilita la gestión de inventario, la optimización de precios y el análisis del comportamiento del consumidor, lo que permite a las empresas ofrecer una experiencia personalizada a cada cliente sin la necesidad de un equipo de soporte masivo.

En el mundo de los negocios digitales, esta automatización reduce los costos operativos y, lo que es más importante, libera tiempo a los emprendedores para que puedan concentrarse en la innovación y hacer crecer sus negocios. No sorprende, entonces, que muchos de los nuevos millonarios sean emprendedores digitales que han logrado escalar sus negocios rápidamente utilizando la IA.

LAS REDES SOCIALES Y EL PODER DEL MARKETING DE INFLUENCERS

Además de la IA, las redes sociales desempeñan un papel crucial en el panorama patrimonial moderno. No sólo conectan a miles de millones de personas en todo el mundo, sino que también crean oportunidades sin precedentes para construir marcas personales y empresas. El fenómeno de los influencers digitales es un claro ejemplo de ello. Al generar grandes audiencias en plataformas como Instagram, YouTube y TikTok, las personas comunes y corrientes se están volviendo millonarias y capitalizan su popularidad a través de asociaciones de marcas y ventas directas de productos.

El marketing de influencers, impulsado por algoritmos de inteligencia artificial que identifican y recomiendan contenido relevante a los usuarios, es una de las áreas más rentables del marketing digital en la actualidad. Las marcas utilizan la IA para analizar datos de comportamiento y predecir qué influencers tendrán el mayor impacto en sus campañas, mientras que los propios influencers utilizan herramientas de IA para optimizar sus publicaciones y maximizar su alcance. Este es un ciclo que beneficia tanto a empresas como a individuos, creando una nueva clase de millonarios digitales.

EL PAPEL DE LAS PLATAFORMAS DIGITALES

Las plataformas digitales como YouTube, TikTok e incluso blogs monetizados a través de Google AdSense ofrecen un camino claro y accesible para generar riqueza. Cualquiera con la cámara de un teléfono celular y una idea innovadora puede crear contenido que, cuando se combina con las estrategias de inteligencia artificial adecuadas para optimizar la visibilidad, puede llegar a millones de personas. Así, estas plataformas crean un entorno donde se puede monetizar la creatividad de una manera extremadamente rentable, como lo demuestran innumerables creadores de contenido que han logrado convertir su hobby en una carrera multimillonaria.

Además, la IA también se utiliza para personalizar la experiencia del usuario en estas plataformas recomendando contenido que tenga más probabilidades de atraer al público objetivo. Esto aumenta significativamente las posibilidades de éxito de los creadores de contenido, ya que sus vídeos, artículos o publicaciones se presentan directamente a la audiencia más adecuada.

DEMOCRATIZACIÓN DE LA RIQUEZA: UN CAMINO ACCESIBLE

La combinación de IA, redes sociales y plataformas digitales está nivelando el campo de juego, permitiendo a cualquier persona, independientemente de su origen o procedencia, la oportunidad de crear riqueza. Lo que alguna vez fue un camino arduo reservado para una pequeña élite con acceso al capital, ahora está disponible para todos los que tengan una idea innovadora y la voluntad de utilizar estas herramientas modernas.

La Inteligencia Artificial, en particular, hace que el proceso de creación de riqueza sea más accesible y predecible. Con las herramientas adecuadas, cualquiera puede empezar a invertir, construir un negocio online o incluso crear contenido con impacto global, siempre apoyado en algoritmos que ofrecen insights potentes y una automatización que facilita la gestión empresarial.

La IA, las redes sociales y las plataformas digitales están transformando la forma en que se genera y distribuye la riqueza en el mundo moderno. Estas innovaciones no sólo crean nuevos millonarios, sino que también abren la puerta a una democratización de la riqueza sin precedentes. El futuro de la riqueza pertenece a quienes saben cómo utilizar estas herramientas para innovar, automatizar y crear valor en un mundo cada vez más conectado y basado en datos.

CAPÍTULO 1: LA ERA DIGITAL Y LA NUEVA RIQUEZA

Introducción a la era digital y sus implicaciones

El advenimiento de la era digital ha traído una revolución sin precedentes en la forma en que se genera, acumula y distribuye el dinero en el mundo. Esta transformación alteró profundamente las reglas del juego financiero, permitiendo a empresas e individuos crear riqueza a una velocidad y escala nunca antes vistas. El surgimiento de gigantes como Google, Amazon y una miríada de nuevas empresas basadas en Inteligencia Artificial (IA) ilustra claramente cómo el entorno digital moderno ha redefinido los caminos para convertirse en millonario.

Lo que distingue a la era digital de épocas anteriores es su accesibilidad. En el pasado, la creación de riqueza a menudo estaba restringida a las familias ricas, las industrias tradicionales y las redes eléctricas. Con Internet y las tecnologías digitales, cualquier persona con una computadora y una conexión a Internet puede, en teoría, construir un imperio financiero. La democratización de la información y la proliferación de herramientas tecnológicas han dado lugar a una nueva clase de millonarios que prosperan en la economía digital, donde la innovación y la rápida adaptación son los principales diferenciadores competitivos.

Las reglas del juego financiero en la era digital

La economía global ha experimentado una transición significativa. En lugar de basarse predominantemente en activos tangibles como tierras y fábricas, la riqueza ahora se genera en gran medida a partir de activos intangibles como datos, algoritmos y propiedad intelectual. Este nuevo entorno ha cambiado la forma en que se logra el éxito financiero.

En primer lugar, las barreras de entrada han disminuido drásticamente. Para iniciar un negocio digital, un emprendedor moderno necesita mucho menos capital inicial que un emprendedor tradicional del siglo pasado. Esto se debe a la naturaleza escalable de los negocios digitales, donde las plataformas en línea, como los mercados de software y las redes sociales, permiten que una idea innovadora llegue a millones de personas en cuestión de días, sin necesidad de grandes inversiones en infraestructura física.

Además, la digitalización global ha acelerado el ritmo de los negocios. La velocidad a la que se producen las transacciones financieras, las tendencias del mercado cambian y surgen las innovaciones tecnológicas no tiene paralelo. La globalización de los mercados, impulsada por Internet, significa que las oportunidades de negocio ya no se limitan a las fronteras geográficas. Un emprendedor puede lanzar una aplicación en un país pequeño y, si tiene éxito, expandirla rápidamente a un mercado global.

Google y el poder de los datos

Uno de los ejemplos más emblemáticos de cómo la era digital ha transformado el panorama de la riqueza es Google. Fundada en 1998 por Larry Page y Sergey Brin, Google rápidamente se convirtió en el motor de búsqueda dominante de Internet y, más tarde, en una de las empresas más grandes del mundo en términos de valor de mercado.

El éxito de Google reside no sólo en su capacidad para

organizar y entregar información, sino también en su enfoque único para la monetización de datos. El modelo de negocio basado en publicidad de Google, impulsado por algoritmos de inteligencia artificial que personalizan los anuncios según el comportamiento del usuario, ha redefinido el marketing digital. Al recopilar y analizar datos de miles de millones de personas en todo el mundo, Google pudo crear un poderoso motor de generación de riqueza.

Hoy en día, los datos se consideran el "nuevo petróleo" y las empresas que pueden transformar grandes volúmenes de información en conocimientos prácticos están liderando la carrera por la riqueza en la era digital. Google ejemplifica cómo una empresa de base tecnológica puede explotar esta nueva moneda (los datos) para acumular riqueza y al mismo tiempo crear valor para millones de usuarios.

Amazon y la revolución del comercio digital

Otro gigante de la era digital que ha transformado la creación de riqueza es Amazon. Fundada en 1994 por Jeff Bezos, la empresa comenzó como una simple librería en línea y, con el tiempo, se expandió hasta convertirse en el mercado más grande del mundo. Hoy en día, Amazon vende de todo, desde productos electrónicos hasta alimentos frescos, e incluso alberga empresas a través de su plataforma de computación en la nube, Amazon Web Services (AWS).

El ascenso de Amazon ilustra cómo las empresas digitales pueden prosperar en un entorno globalizado. Una de las mayores innovaciones de Bezos fue darse cuenta de que, al crear una plataforma donde cualquiera pudiera vender productos, podría transformar a Amazon en un "centro comercial virtual" que atendería a millones de consumidores en todo el mundo.

Otro aspecto clave del éxito de Amazon es su compromiso con la innovación continua. La empresa utiliza ampliamente la IA para optimizar sus operaciones, desde recomendar productos personalizados para los clientes hasta automatizar sus centros de distribución. La combinación de una vasta red de proveedores, consumidores globales y tecnología de punta ha convertido a Amazon en una máquina generadora de riqueza, tanto para la propia empresa como para los emprendedores que utilizan su plataforma.

Startups basadas en IA y la nueva frontera de la riqueza

Mientras gigantes como Google y Amazon dominan el panorama de la era digital, las nuevas empresas basadas en inteligencia artificial están emergiendo como los nuevos agentes de creación de riqueza. La IA se está aplicando en todas las industrias, desde las finanzas hasta la atención médica, y muchas de estas nuevas empresas están utilizando tecnologías de aprendizaje automático y algoritmos avanzados para crear soluciones innovadoras que satisfagan las crecientes demandas de la economía global.

Un ejemplo notable es OpenAI, una organización de investigación de IA que desarrolló el famoso modelo GPT (Generative Pretrained Transformer), ampliamente utilizado en asistentes virtuales, automatización de textos y otras aplicaciones que aceleran los procesos comerciales. Empresas emergentes como estas están a la vanguardia de la nueva economía digital y exploran la frontera de la IA para ofrecer soluciones que maximicen la eficiencia y minimicen los costos operativos.

Empresas más pequeñas pero igualmente influyentes como UiPath, que desarrolla software de automatización de procesos robóticos (RPA), también están creando nuevos millonarios al redefinir la forma en que se gestionan los negocios. La automatización, habilitada por la IA, permite a las empresas optimizar sus operaciones y escalar sus negocios rápidamente, generando enormes ahorros y aumentando los márgenes de beneficio.

La creación de millonarios en la era moderna

La combinación de datos, inteligencia artificial y accesibilidad a plataformas digitales ha sido la clave para crear millonarios en la era moderna. Las historias de éxito de empresarios como Elon Musk, Jeff Bezos y Mark Zuckerberg, todos ellos millonarios impulsados por la tecnología, demuestran que el camino hacia la riqueza ahora implica una comprensión profunda de la innovación digital y la capacidad de aplicar ese conocimiento de manera práctica.

Los millonarios contemporáneos ya no dependen de los modelos de negocio tradicionales. En cambio, aprovechan las tendencias emergentes, como el uso de IA para personalizar las experiencias de los clientes, las plataformas en línea para ampliar su alcance y la automatización para escalar eficientemente sus operaciones. Además, muchos de ellos han construido imperios financieros mediante un enfoque basado en datos, utilizando información para tomar decisiones estratégicas más rápidas y precisas.

Un nuevo juego, nuevas reglas

Lo que podemos aprender del auge de empresas como Google, Amazon y las nuevas empresas basadas en inteligencia artificial es que la era digital ha redefinido el juego financiero. El éxito y la creación de riqueza, que antes estaban reservados a unos pocos, ahora están al alcance de cualquiera que comprenda las nuevas reglas y sepa utilizarlas en su beneficio.

La tecnología, en particular la IA, seguirá desempeñando un papel crucial en la evolución del mercado global. A medida que estas innovaciones se vuelvan cada vez más accesibles, el número de millonarios creados por la economía digital no hará más que crecer. La clave para destacar en este nuevo entorno es estar siempre a la vanguardia de las tendencias tecnológicas y saber aprovechar las oportunidades que se presentan.

MAPA DEL MILLÓN:

CAPÍTULO 2: INTELIGENCIA ARTIFICIAL Y EL PODER DEL ALGORITMO

Introducción: la revolución de la inteligencia artificial

La inteligencia artificial (IA) ha estado transformando rápidamente el mercado financiero y redefiniendo la forma en que se toman las decisiones económicas. Mientras que antes los inversores confiaban en la intuición, la experiencia y el análisis manual, ahora los algoritmos y los sistemas automatizados están asumiendo un papel central. La capacidad de la IA para procesar inmensas cantidades de datos, identificar patrones ocultos y ejecutar operaciones en fracciones de segundo se ha convertido en una poderosa herramienta para los inversores, desde grandes corporaciones hasta pequeños comerciantes individuales.

Los algoritmos de alta frecuencia y los sistemas de comercio automatizados no son sólo mecanismos eficientes para las transacciones financieras; son también los nuevos arquitectos del éxito de muchos millonarios contemporáneos. En esta nueva era, aquellos que sepan utilizar las herramientas de IA de forma eficaz tendrán una clara ventaja competitiva en el mercado.

El poder de los algoritmos de alta frecuencia

Los algoritmos de alta frecuencia (HFT – High-Frequency Trading) son uno de los avances más notables de la IA en el mercado financiero. Estos sistemas permiten realizar transacciones en milisegundos, aprovechando las menores fluctuaciones de precios para generar ganancias. Al identificar y ejecutar automáticamente operaciones basadas en patrones de mercado, los algoritmos HFT pueden lograr ganancias que serían imposibles de capturar manualmente para los humanos. Grandes instituciones financieras como Goldman Sachs y JPMorgan ya dependen en gran medida de los sistemas HFT para maximizar sus márgenes de beneficio.

Por ejemplo, Citadel, una de las empresas de gestión de activos más grandes del mundo, utiliza algoritmos sofisticados para realizar millones de transacciones diariamente. Este enfoque ha revolucionado el mercado, permitiendo que se realicen grandes volúmenes de operaciones sin intervención humana. El impacto del HFT en el mercado es tan grande que representa más del 50% del volumen de operaciones en algunas de las principales bolsas del mundo.

Comercio automatizado: el camino hacia la riqueza

Además de los algoritmos de alta frecuencia, el comercio automatizado, facilitado por la IA, también se ha convertido en una herramienta accesible para los inversores individuales. Plataformas como Robinhood, eToro y Wealthfront ofrecen acceso a sistemas de inversión automatizados que utilizan IA para analizar las tendencias del mercado y ajustar las carteras automáticamente, sin la necesidad de un administrador humano. Estos sistemas funcionan con datos en tiempo real y pueden adaptarse rápidamente a los cambios del mercado, minimizando los riesgos y maximizando los retornos.

Muchos millonarios emergentes en el mercado financiero han hecho fortuna explorando estas plataformas y adoptando estrategias comerciales automatizadas. Por ejemplo, los comerciantes de criptomonedas, como aquellos que invirtieron en el auge de Bitcoin, utilizan robots comerciales para monitorear y reaccionar a los cambios de precios, obteniendo ganancias significativas. La capacidad de ajustar estrategias en tiempo real, sin necesidad de un seguimiento constante por parte del usuario, hace que estos sistemas sean ideales para inversores que buscan maximizar su tiempo y minimizar el riesgo.

Pequeños inversores y herramientas de inteligencia artificial

La IA no es exclusiva de los grandes jugadores. En los últimos años, las herramientas basadas en inteligencia artificial se han vuelto accesibles para los pequeños inversores, lo que permite a cualquier persona con una cuenta de corretaje y una conexión a Internet utilizar algoritmos para tomar decisiones más informadas. Plataformas como Betterment y Acorns utilizan IA para personalizar estrategias de inversión en función de los objetivos y el perfil de riesgo de cada cliente.

Estas herramientas analizan datos históricos y tendencias del mercado para optimizar automáticamente las carteras, ajustando la asignación de activos en tiempo real a medida que cambian las condiciones del mercado. El uso de IA para el análisis predictivo de acciones y criptomonedas permite a los inversores más pequeños, que antes dependían del asesoramiento de expertos o de su propio análisis manual, competir con los actores más grandes del mercado.

Ejemplos de millonarios que utilizaron la IA

Una de las historias más inspiradoras de alguien que construyó su fortuna utilizando IA es la de David

Siegel, cofundador de Two Sigma Investments. Su empresa utiliza inteligencia artificial y aprendizaje automático para crear estrategias de inversión que superan los puntos de referencia tradicionales. Siegel acumuló miles de millones de dólares aplicando inteligencia artificial para detectar patrones complejos en los mercados financieros, creando uno de los administradores de cobertura más exitosos del mundo.

Otro ejemplo es Jim Simons, fundador de Renaissance Technologies, cuyo fondo Medallion está considerado el más rentable de todos los tiempos. Renaissance utiliza modelos matemáticos complejos e inteligencia artificial para realizar operaciones basadas en datos, y generó rendimientos anuales promedio del 66% entre 1988 y 2018. Simons se ha distinguido como uno de los administradores de fondos más grandes del mundo al utilizar algoritmos avanzados que minimizan el error humano y capitalizan el Tendencias ocultas en los mercados.

Además, en el mundo de las criptomonedas, Sam Bankman-Fried, fundador del intercambio FTX, construyó su fortuna utilizando algoritmos basados en inteligencia artificial para el comercio de arbitraje entre diferentes intercambios. Bankman-Fried rápidamente se convirtió en multimillonario al identificar y explotar ineficiencias en el mercado global de criptomonedas, utilizando inteligencia artificial para ejecutar operaciones a una velocidad y precisión que ningún ser humano podría igualar.

La IA democratiza la riqueza

La revolución de la IA también está democratizando el acceso a información y herramientas que antes estaban reservadas a los inversores institucionales. Hoy en día, cualquier persona con un teléfono inteligente puede acceder a plataformas comerciales que utilizan inteligencia artificial para el análisis predictivo de acciones, criptomonedas y otros activos. Esta accesibilidad está permitiendo a un número cada vez mayor de inversores individuales acumular una riqueza significativa sin tener que depender de costosos gestores de fondos o de conocimientos financieros avanzados.

Las herramientas de aprendizaje automático pueden analizar enormes cantidades de datos históricos, predecir tendencias y sugerir acciones basadas en análisis complejos de riesgo-recompensa. Esto brinda al inversionista promedio una ventaja competitiva que antes estaba fuera de su alcance, allanando el camino para que más personas participen en el crecimiento económico global.

La inteligencia artificial y los algoritmos están transformando la forma en que funcionan las finanzas. Desde algoritmos de alta frecuencia hasta plataformas comerciales automatizadas para inversores minoristas, la IA ofrece herramientas poderosas para quienes buscan crear riqueza en el entorno moderno. El impacto de esta tecnología en la creación de millonarios es innegable y el futuro de la IA en el sector financiero promete ser aún más innovador y accesible.

Las historias de éxito de grandes inversores que han utilizado la IA para acumular fortunas son inspiradoras, pero también son un recordatorio de que la verdadera clave del éxito reside en comprender y utilizar estas herramientas de forma inteligente. La IA seguirá evolucionando y, con ella, también aumentarán las oportunidades de convertirse en millonario en la era digital. La pregunta es: ¿estás preparado para aprovechar estas oportunidades?

CAPÍTULO 3: NEGOCIOS AUTOMATIZADOS: GANANCIAS PASIVAS CON IA

Introducción: el potencial de la automatización para crear riqueza

La automatización empresarial ha sido una de las mayores revoluciones en el mundo empresarial moderno, especialmente con el avance de la inteligencia artificial (IA). El concepto de ganancias pasivas (es decir, generar ingresos con una mínima intervención directa) se ha logrado en gran medida a través de herramientas y tecnologías que permiten a las empresas operar casi automáticamente. Esto ha creado oportunidades sin precedentes para propietarios de negocios y emprendedores que desean construir negocios rentables sin la necesidad de una intensa participación diaria.

Con la integración de la IA, sectores como el comercio electrónico, el marketing digital, la creación de contenidos y la atención al cliente comenzaron a realizarse de forma eficiente y casi completamente automatizados. La automatización permite que las operaciones se realicen las 24 horas del día, los siete días de la semana, sin la presencia física del propietario de la empresa. Modelos de negocio como el dropshipping, el marketing de afiliación y el uso de chatbots son ejemplos emblemáticos de cómo la IA está transformando el mundo empresarial.

Dropshipping: un modelo de negocio automatizado

El dropshipping es uno de los modelos de negocio más populares para quienes buscan generar ingresos pasivos sin tener que lidiar con la logística tradicional del comercio electrónico. En este sistema, el emprendedor crea una tienda online, pero no mantiene stock. Cuando un cliente realiza un pedido, el proveedor envía el producto directamente al consumidor final. Esto elimina la necesidad de gestionar el inventario, lo que permite al empresario centrarse únicamente en las ventas.

La IA ha ampliado las posibilidades del dropshipping. Con algoritmos de aprendizaje automático, las plataformas de dropshipping pueden identificar productos con alta demanda, predecir tendencias e incluso ajustar automáticamente los precios para competir en el mercado. Por ejemplo, herramientas como Oberlo y Shopify utilizan IA para sugerir productos de tendencia, ahorrando tiempo y aumentando la eficiencia.

Los emprendedores que utilizan el dropshipping automatizado pueden gestionar fácilmente sus tiendas desde cualquier parte del mundo, sin tener que tratar directamente con productos físicos. Esto no sólo reduce los costos operativos, sino que también libera al emprendedor para concentrarse en estrategias de marketing y crecimiento.

Creación de contenido automatizada: producción de IA para usted

La creación de contenido es otra área que ha sido transformada por la IA, lo que permite a las empresas automatizar sus estrategias de producción de contenido y marketing digital. Anteriormente, crear blogs, vídeos, artículos y publicaciones en redes sociales era una tarea que requería mucho tiempo y mucho esfuerzo humano. Hoy en día, las herramientas de inteligencia artificial como GPT (transformador generativo de preentrenamiento) pueden generar automáticamente contenido basado en palabras clave y algoritmos de SEO.

Las empresas están utilizando la IA para producir artículos de blog optimizados, campañas de marketing por correo electrónico e incluso guiones de vídeo de forma automatizada. Herramientas como Jarvis (ahora llamada Jasper AI) son ejemplos de IA que facilitan la creación de contenido personalizado y relevante sin la necesidad de escritores humanos.

Además, las plataformas de vídeo y redes sociales están integrando IA para crear y sugerir contenido. YouTube, por ejemplo, utiliza algoritmos de inteligencia artificial para optimizar títulos, descripciones e incluso imágenes en miniatura, aumentando la interacción con la audiencia. Esto ofrece una ventaja significativa para los emprendedores digitales que desean hacer crecer sus marcas sin perder tiempo creando manualmente cada contenido.

Chatbots y automatización en atención al cliente

Uno de los mayores avances en la automatización empresarial es el uso de chatbots para la atención al cliente. Estos sistemas basados en IA pueden manejar preguntas frecuentes, procesar pedidos e incluso solucionar problemas, todo sin intervención humana. El beneficio es doble: los clientes obtienen respuestas rápidas y precisas, mientras que los propietarios de empresas ahorran tiempo y recursos.

Los chatbots como los desarrollados por la empresa Drift, por ejemplo, están diseñados para simular conversaciones humanas y pueden resolver problemas complejos de atención al cliente. Además, se pueden programar para identificar cuándo una situación necesita un representante humano, garantizando que el cliente sea atendido de la mejor manera posible.

En el sector del comercio electrónico, chatbots como los que ofrecen Facebook Messenger o WhatsApp están permitiendo a las pequeñas empresas ofrecer soporte las 24 horas, aumentando la satisfacción del cliente y las tasas de conversión. Esto es particularmente valioso en un mundo donde los consumidores exigen respuestas instantáneas y soporte constante.

IA y Automatización en Procesos Internos

Además de los aspectos de cara al cliente, la inteligencia artificial y la automatización están optimizando procesos internos como la contabilidad, la gestión de inventario e incluso la contratación. Las herramientas de automatización del flujo de trabajo como Zapier e Integromat permiten a las empresas conectar diferentes aplicaciones y procesos, eliminando la necesidad de monitoreo manual.

En el sector financiero, plataformas como QuickBooks utilizan IA para organizar las finanzas de la empresa, generar informes automáticamente y garantizar que las empresas siempre cumplan con las leyes fiscales. La automatización de tareas rutinarias libera tiempo para que los propietarios de empresas puedan centrarse en actividades estratégicas de crecimiento.

Además, el software de IA en la contratación, como Workable, permite a las empresas identificar al mejor talento de forma automatizada, utilizando algoritmos que analizan currículums, datos de desempeño e incluso el perfil de comportamiento de los candidatos.

Ejemplos exitosos de uso de la automatización para generar riqueza

Las grandes empresas y los empresarios exitosos han

explorado intensamente la automatización para aumentar su eficiencia y maximizar sus ganancias. Elon Musk, por ejemplo, utiliza sistemas altamente automatizados en sus fábricas de Tesla, donde los robots gestionan gran parte de la línea de producción. Esto permite a la empresa producir en masa con alta precisión, reduciendo los costos operativos y el tiempo de producción.

Otro ejemplo es Jeff Bezos, cuyo imperio Amazon está impulsado por una serie de automatizaciones, desde el procesamiento de pedidos hasta la entrega. Amazon fue pionera en el uso de IA para recomendar productos, ajustar precios y predecir la demanda futura, lo que le permitió ser una de las empresas más valiosas del mundo.

Las empresas emergentes más pequeñas también utilizan la inteligencia artificial y la automatización para destacar. Lemonade, una compañía de seguros impulsada por inteligencia artificial, utiliza bots para procesar reclamos en minutos, lo que ahorra tiempo y dinero tanto a la empresa como a los clientes.

El camino hacia la riqueza automatizada

La automatización, impulsada por la IA, ha abierto nuevas oportunidades para los emprendedores que buscan construir negocios rentables sin la necesidad de involucrarse directamente en las operaciones diarias. Desde dropshipping hasta la creación automatizada de contenido y el uso de chatbots en el servicio al cliente, las opciones para las empresas automatizadas son amplias y accesibles.

Los avances en tecnología e inteligencia artificial están facilitando la creación de ingresos pasivos y cualquiera, con las herramientas adecuadas, puede aprovechar estas oportunidades para lograr el éxito financiero. A medida que avance la tecnología, el camino hacia la riqueza automatizada será aún más claro, más accesible y, lo más importante, escalable.

CAPÍTULO 4: DE CERO A UN MILLÓN CON STARTUPS DE IA

Introducción: el poder de las startups de IA

En los últimos años, las nuevas empresas de inteligencia artificial (IA) han surgido como una fuerza poderosa, capaz de transformar ideas simples en negocios millonarios. Estos emprendimientos no sólo responden a demandas globales, sino que también tienen el potencial de resolver problemas complejos que afectan a la sociedad. Este capítulo explora historias inspiradoras de emprendedores que comenzaron desde cero y construyeron imperios a través de innovaciones basadas en IA. Además, discutiremos las oportunidades que existen para que nuevos emprendedores ingresen a este mercado en crecimiento.

Historias de éxito: el camino de los emprendedores visionarios

Historias de éxito como **Jaspe IA**, una startup que comenzó como un pequeño proyecto y rápidamente ganó popularidad, son ejemplos perfectos del potencial de las startups de IA. Fundada por un grupo de entusiastas de la tecnología, la empresa ha desarrollado una herramienta de generación de texto basada en inteligencia artificial que simplifica el proceso de escritura. El éxito de Jasper se atribuye a su capacidad para resolver un problema real: crear contenido de forma rápida y eficaz. Al comprender las necesidades del mercado y utilizar tecnologías de vanguardia, los fundadores pudieron atraer inversores y, en poco tiempo, escalar la empresa hasta alcanzar una valoración significativa.

Otro ejemplo notable es el caso de **Ruta de acceso a la interfaz de usuario**, que comenzó como una pequeña startup en un mercado poco explorado y se convirtió en líder en automatización robótica de procesos (RPA). La historia de Daniel Dines, uno de los cofundadores, es una inspiración para muchos. Dines creció en una familia de clase media en Rumania y, después de mudarse a Estados Unidos, se dio cuenta de la necesidad de automatización en las empresas. Gracias a la perseverancia y la innovación, UiPath se convirtió en un unicornio (una startup valorada en más de mil millones de dólares) en menos de cinco años.

Estas historias demuestran que, con la visión correcta y la voluntad de trabajar duro, es posible convertir una idea simple en un negocio exitoso.

Oportunidades en IA: resolviendo problemas globales

El mercado de la IA está lleno de oportunidades para quienes quieren innovar. Problemas globales como la escasez de recursos, el cambio climático y la salud pública piden a gritos soluciones efectivas e innovadoras. Las nuevas empresas de IA están a la vanguardia de esta revolución y utilizan la tecnología para crear productos y servicios que satisfagan estas necesidades urgentes.

Un ejemplo de éxito en este sentido es el **Visión médica de cebra**, que utiliza IA para analizar exámenes médicos y diagnosticar enfermedades. Fundada por un grupo de médicos e ingenieros, la startup surgió para mejorar la precisión de los diagnósticos médicos y reducir el costo de la atención médica. El uso de IA en el análisis de imágenes médicas no solo mejora la eficacia del diagnóstico sino que también ahorra un tiempo valioso a los médicos. Este tipo de innovación no sólo genera beneficios, sino que también tiene un importante impacto social.

Cómo ingresar al mercado de startups de IA

Para aquellos que quieran ingresar al mercado de startups de IA, el primer paso es identificar una necesidad insatisfecha o un problema que pueda resolverse con tecnología. La atención sanitaria, la educación, la logística y las finanzas son sólo algunas de las muchas industrias que se benefician enormemente de la IA. Los emprendedores pueden comenzar por realizar una investigación de mercado para comprender los puntos débiles que enfrentan los consumidores y cómo se puede aplicar la IA para resolverlos.

Después de identificar un nicho, el siguiente paso es adquirir conocimientos técnicos en IA. Esto podría incluir cursos en línea, bootcamps o incluso colaboraciones con expertos en el campo. Programar y comprender conceptos de aprendizaje automático son fundamentales para crear soluciones efectivas. Plataformas como Coursera, edX y Udacity ofrecen cursos de calidad que pueden ayudar a los nuevos emprendedores a adquirir las habilidades necesarias.

Creación de redes y financiación: creación de una red de apoyo

Además de los conocimientos técnicos, construir una red de contactos es vital para el éxito de una startup. Asistir a eventos de la industria, conferencias de tecnología y hackatones puede brindar oportunidades para establecer conexiones valiosas. El networking no sólo abre puertas a inversores potenciales, sino que también permite a los emprendedores intercambiar ideas y aprender de las experiencias de otros.

Para financiar sus startups, los emprendedores pueden considerar diferentes opciones, como inversores ángeles, capital riesgo o crowdfunding. Buscar financiación puede ser un desafío, pero presentar una propuesta clara y convincente que demuestre el potencial retorno de la inversión es crucial. Las startups de IA han atraído la atención de los inversores por su potencial disruptivo y su escalabilidad, lo que las hace atractivas en el mercado.

El futuro es brillante para las empresas emergentes de IA

Las historias de éxito de emprendedores que empezaron desde cero y se hicieron millonarios con nuevas empresas de IA son un testimonio del potencial de esta tecnología. A medida que más personas reconozcan las oportunidades que ofrece la IA, el mercado seguirá creciendo y evolucionando. Para aquellos dispuestos a aprender, innovar y conectarse, el camino para convertirse en millonario es más accesible que nunca.

Con una combinación de visión, habilidades técnicas y un fuerte apoyo de la comunidad, cualquiera puede convertir sus ideas en una startup exitosa. El futuro es brillante para quienes se atreven a soñar en grande y actuar con determinación.

CAPÍTULO 5: EL PODER DE LAS REDES DIGITALES

Introducción: La revolución del networking en la era digital

Hoy en día, el networking digital se ha convertido en una herramienta fundamental para cualquiera que aspire a alcanzar el éxito financiero. Con la llegada de las redes sociales y plataformas de conexión como LinkedIn, Twitter y Clubhouse, las personas tienen la capacidad de construir y expandir sus redes de manera rápida y efectiva. Estas plataformas ofrecen oportunidades únicas de interacción y colaboración, permitiendo a emprendedores, inversores y profesionales intercambiar ideas, compartir conocimientos y explorar nuevas posibilidades de negocio.

El poder de las redes digitales es particularmente evidente en el mundo de los millonarios. Muchos de ellos construyeron sus fortunas no sólo a través de habilidades y conocimientos técnicos, sino también a través de conexiones estratégicas que establecieron a lo largo de su camino. Este capítulo explorará cómo las redes sociales están facilitando la construcción de relaciones significativas y cómo estas interacciones pueden acelerar el camino hacia la riqueza.

LinkedIn como herramienta de conexión profesional

LinkedIn es la principal red social dirigida al mundo

profesional, con más de 700 millones de usuarios en todo el mundo. La plataforma se destaca como una poderosa herramienta de networking, permitiendo a profesionales de diferentes áreas conectarse y compartir experiencias. Muchos millonarios reconocen la importancia de LinkedIn y utilizan la plataforma para establecer relaciones con otros líderes de la industria, encontrar mentores y descubrir oportunidades comerciales.

Un ejemplo notable es el caso de **Reid Hoffman**, cofundador de LinkedIn. Hoffman no sólo ayudó a crear la plataforma, sino que también aprovechó su propia red para impulsar su carrera como capitalista de riesgo. Es conocido por invertir en nuevas empresas prometedoras como Facebook y Airbnb, y cree firmemente en el poder de las redes. Según Hoffman, "las conexiones son el nuevo capital y la creación de redes efectivas puede abrir puertas que ni siquiera sabías que existían".

A través de LinkedIn, los usuarios pueden unirse a grupos relevantes, seguir a personas influyentes e interactuar con líderes de la industria. Estas interacciones a menudo resultan en colaboraciones y asociaciones fructíferas que pueden conducir al crecimiento empresarial y, eventualmente, a la creación de riqueza.

Twitter: la red de información y oportunidades

Twitter, aunque inicialmente fue visto como una plataforma de microblogging, se ha convertido en una poderosa herramienta de networking. Gracias a su naturaleza en tiempo real, Twitter permite a los usuarios compartir noticias, ideas y tendencias al instante. Los millonarios y personas influyentes suelen utilizar Twitter para conectarse con sus seguidores y construir relaciones significativas con otros profesionales.

Un ejemplo es **Elon Musk**, director ejecutivo de Tesla y SpaceX, que utiliza Twitter para compartir actualizaciones sobre sus empresas e interactuar directamente con sus fans y críticos. Musk es conocido por sus rápidas respuestas e interacciones con sus seguidores, lo que fortalece su relación con la comunidad y amplía su influencia en la industria. Esta visibilidad puede generar nuevas oportunidades comerciales y asociaciones.

La clave del éxito en Twitter es la autenticidad y la capacidad de compartir información valiosa. Al interactuar con otros profesionales y participar en debates relevantes, los usuarios pueden posicionarse como líderes de opinión en sus campos, atrayendo la atención de posibles inversores y socios.

Casa club: networking en tiempo real

Clubhouse, una plataforma de audio social, ha surgido como una nueva forma de networking digital. Con salas de chat donde los usuarios pueden participar en debates en vivo, la plataforma ofrece una experiencia interactiva y atractiva. Millonarios y emprendedores utilizan Clubhouse para compartir experiencias, discutir tendencias de la industria e incluso encontrar nuevos talentos.

Un ejemplo de uso eficaz de Clubhouse es **Marc Andreessen**, cofundador de Andreessen Horowitz, una de las firmas de capital riesgo más destacadas de Silicon Valley. Andreessen participa con frecuencia en salas de trabajo sobre innovación y tecnología, donde puede conectarse con fundadores de startups y otros inversores. Utiliza estas interacciones para identificar nuevas oportunidades de inversión y fortalecer su red.

Clubhouse permite a los usuarios interactuar directamente con expertos y líderes de la industria, ofreciendo una plataforma única para establecer contactos en tiempo real. Las conversaciones en vivo crean una sensación de urgencia y autenticidad, lo que permite a los participantes conectarse de maneras que no son posibles en otras redes sociales.

La importancia de las conexiones estratégicas

Construir una sólida red de contactos es esencial para lograr el éxito financiero. Las conexiones estratégicas pueden abrir puertas a oportunidades comerciales, inversiones y colaboraciones. Los millonarios suelen resaltar la importancia de cultivar relaciones genuinas e invertir tiempo en interacciones significativas.

Por ejemplo, **Gary Vaynerchuk**, un conocido empresario e inversor, suele hablar de cómo su éxito se atribuye en gran medida a las conexiones que ha establecido a lo largo de su carrera. Aconseja a los aspirantes a millonarios que se involucren activamente en sus comunidades y busquen formas de ayudar a otros, ya que esto a menudo genera retornos inesperados y fructíferos.

Además, muchos millonarios reconocen que las redes sociales y las plataformas digitales no sirven sólo para la autopromoción, sino también para la colaboración y el aprendizaje. El intercambio de conocimientos y experiencias con otros profesionales puede generar conocimientos valiosos que ayuden a dar forma a estrategias comerciales exitosas.

El futuro de las redes digitales

Las redes digitales han transformado la forma en que las personas se conectan y construyen relaciones. Con plataformas como LinkedIn, Twitter y Clubhouse, las oportunidades para establecer contactos son más accesibles que nunca. Millonarios de diferentes áreas utilizan estas herramientas para construir conexiones estratégicas que aceleren su camino hacia la riqueza.

A medida que la tecnología siga evolucionando, el potencial de las redes digitales no hará más que aumentar. Para aquellos que quieran lograr el éxito financiero, invertir tiempo y esfuerzo en construir redes significativas será una estrategia crucial. El poder de las redes digitales es real y quienes las aprovechan están bien posicionados para prosperar en un mundo cada vez más interconectado.

CAPÍTULO 6: EDUCACIÓN FINANCIERA E INTELIGENCIA ARTIFICIAL: APRENDER RÁPIDO

Introducción: el papel transformador de la educación financiera en la era de la IA

Hoy en día, la educación financiera es más crucial que nunca. Con la creciente complejidad del mercado financiero, es esencial que las personas de todas las edades y orígenes comprendan los principios básicos de las finanzas personales y la inversión. Sin embargo, el acceso a una educación financiera de calidad no siempre es fácil. Aquí es donde entra en juego la Inteligencia Artificial (IA), que revoluciona la forma en que aprendemos sobre finanzas e inversiones.

La IA no solo está transformando la forma en que se presenta la información, sino que también ofrece un aprendizaje personalizado que se adapta a las necesidades individuales. Este capítulo explorará cómo las plataformas educativas basadas en IA están cambiando el panorama de la educación financiera, permitiendo a las personas aprender más rápido y tomar decisiones financieras más inteligentes.

La revolución del aprendizaje acelerado por la IA

La IA se está convirtiendo en una fuerza impulsora en la educación, facilitando el aprendizaje acelerado a través de plataformas personalizadas que satisfacen las necesidades de los estudiantes. Se están utilizando herramientas como chatbots, tutores virtuales y algoritmos de aprendizaje automático para crear experiencias de aprendizaje adaptativas e interactivas. Esto es particularmente relevante para la educación financiera, donde la velocidad y efectividad del aprendizaje pueden marcar una diferencia significativa en las decisiones que las personas toman sobre su dinero.

Un ejemplo notable es la plataforma **Academia Khan**, que utiliza algoritmos de IA para personalizar el aprendizaje de cada estudiante. Con un enfoque en finanzas personales e inversiones, Khan Academy ofrece cursos que se ajustan al progreso del estudiante, asegurando que los conceptos se comprendan completamente antes de pasar a temas más complejos. Este enfoque no sólo acelera el proceso de aprendizaje sino que también aumenta la retención de información.

Además, plataformas como **Coursera** y **edx** están incorporando IA en sus cursos de finanzas, lo que permite a los estudiantes acceder dinámicamente a materiales y recursos relevantes. Esta personalización en la educación no es solo una tendencia sino una necesidad en un mundo donde la información está disponible en abundancia pero no siempre está organizada de una manera que facilite el aprendizaje efectivo.

Herramientas de IA para decisiones financieras inteligentes

Con la ayuda de la IA, las personas están cada vez más capacitadas para tomar decisiones financieras informadas. Plataformas de inversión como **frente de riqueza** y **Mejoramiento** utilizar algoritmos para proporcionar recomendaciones personalizadas basadas en los objetivos financieros de los usuarios. Estas plataformas no sólo ayudan a los inversores a comprender los mercados, sino que también enseñan principios de finanzas personales a medida que los usuarios interactúan con ellos.

Además, herramientas de gestión financiera como **Como** y **YNAB (Necesita un presupuesto)** están utilizando IA para analizar hábitos de gasto y ofrecer consejos sobre cómo ahorrar e invertir de manera más efectiva. Estas aplicaciones ayudan a los usuarios a visualizar sus finanzas de una manera que antes no era posible, simplificando conceptos complejos y permitiendo una gestión del dinero más consciente.

Al proporcionar información y análisis de datos en tiempo real, la IA permite a los usuarios no solo aprender sino también aplicar ese conocimiento de manera práctica. Este tipo de interacción dinámica e informativa es crucial para la educación financiera, ya que los usuarios pueden ver los efectos inmediatos de sus decisiones financieras y ajustar su comportamiento en consecuencia.

Educación financiera accesible: rompiendo barreras

Uno de los mayores beneficios de las plataformas educativas basadas en IA es la democratización del acceso al conocimiento financiero. A través de cursos en línea, seminarios web y videotutoriales, cualquier persona con conexión a Internet puede aprender sobre finanzas personales e inversiones, independientemente de su ubicación geográfica o situación económica.

Iniciativas como **Academia Investopedia** y **inteligentemente** Estamos comprometidos a hacer que la educación financiera sea accesible para todos, ofreciendo cursos que cubren todo, desde lo básico hasta temas de inversión avanzados. La IA juega un papel crucial en esta misión, facilitando la creación de contenido que satisfaga las necesidades de diferentes grupos demográficos y niveles de experiencia.

Además, las plataformas pueden recopilar datos sobre las preferencias de aprendizaje y los comportamientos de los usuarios, ajustando el contenido según las demandas de la audiencia. Esto significa que, en lugar de un plan de estudios fijo, los estudiantes tienen acceso a materiales relevantes y actualizados, lo que aumenta sus posibilidades de éxito financiero.

Ejemplos exitosos: millonarios que aprendieron de la IA

Muchos millonarios exitosos atribuyen sus logros a la educación financiera continua y al uso eficaz de la tecnología. **David Ramsey**, experto en finanzas personales y autor de best sellers, utiliza plataformas digitales para compartir su filosofía sobre el dinero y la elaboración de presupuestos. También promueve el uso de aplicaciones financieras que ayuden a los usuarios a implementar sus estrategias de manera práctica.

Otro ejemplo es **Ramit Sethi**, autor de "Te enseñaré a ser rico", que combina la educación financiera con técnicas de marketing digital para enseñar a los jóvenes a gestionar su dinero. Sethi utiliza la IA para segmentar su audiencia y ofrecer contenido adaptado a sus necesidades, lo que ayuda a muchos a cambiar su forma de pensar en torno a las finanzas.

Estos ejemplos muestran cómo la educación financiera, cuando se combina con la tecnología y la inteligencia artificial, puede capacitar a las personas para transformar su vida financiera. Las historias de éxito de los millonarios contemporáneos no sólo inspiran, sino que también demuestran que, con la orientación y las herramientas adecuadas, cualquiera puede alcanzar sus objetivos financieros.

El futuro de la educación financiera

A medida que avancemos, el papel de la IA en la educación financiera seguirá ampliándose. Las plataformas que adoptan tecnologías emergentes no sólo facilitarán el aprendizaje, sino que también crearán comunidades donde las personas puedan compartir experiencias y aprender unos de otros. Esta colaboración será vital para promover una cultura de educación financiera, donde las personas se sientan empoderadas para tomar decisiones informadas sobre su dinero.

El futuro de la educación financiera está siendo moldeado por las innovaciones tecnológicas y un enfoque centrado en el usuario, y la IA está a la vanguardia de esta transformación. Con acceso a recursos educativos más efectivos y personalizados, las personas están mejor equipadas que nunca para lograr riqueza y éxito financiero. Al aprovechar el poder de la IA, todos pueden transformar su potencial financiero y, eventualmente, emprender el camino hacia la libertad financiera.

CAPÍTULO 7: EL IMPACTO DE LAS CRIPTOMONEDAS Y BLOCKCHAIN

Introducción: La revolución financiera de las criptomonedas

En los últimos años, las criptomonedas y la tecnología blockchain han tenido un impacto transformador en el panorama financiero global. Desde la introducción de Bitcoin en 2009, estas innovaciones no sólo han cambiado la forma en que pensamos sobre el dinero, sino que también han creado nuevas oportunidades de riqueza para millones de personas en todo el mundo. En este capítulo, exploraremos cómo las criptomonedas y blockchain están dando forma al futuro de las finanzas y cómo cualquiera puede aprovechar estas tecnologías para construir su propia fortuna.

El auge de las criptomonedas como Bitcoin y Ethereum desafía el status quo de los sistemas financieros tradicionales. La descentralización que ofrece blockchain permite transacciones más rápidas, seguras y transparentes, eliminando intermediarios y reduciendo costos. Este cambio no sólo beneficia a los grandes inversores, sino que también brinda oportunidades únicas para las personas comunes y corrientes, permitiéndoles participar en un mercado que antes parecía inaccesible.

El surgimiento de las criptomonedas: una nueva era de inversiones

Las criptomonedas surgieron como respuesta al descontento con los sistemas financieros tradicionales, especialmente después de la crisis financiera de 2008. Bitcoin, la primera criptomoneda, fue creada con el objetivo de ser una forma descentralizada de dinero digital. Desde entonces, el mercado de las criptomonedas ha crecido exponencialmente, dando lugar a miles de otras monedas y tokens.

Las historias de éxito relacionadas con las criptomonedas son inspiradoras e ilustran el potencial de ingresos que ofrece este nuevo mercado. Por ejemplo, muchos inversores que compraron Bitcoin en sus primeros años se hicieron millonarios cuando el precio se disparó, pasando de unos pocos centavos a decenas de miles de dólares por unidad. el caso de **Erik Finman**, que invirtió 1.000 dólares en Bitcoin cuando tenía sólo 12 años y se hizo millonario a los 18, es un ejemplo notable del potencial transformador de las criptomonedas.

Ethereum y el mundo de las NFT: nuevas oportunidades de riqueza

Además de Bitcoin, Ethereum revolucionó el mercado con su plataforma de contratos inteligentes, permitiendo la creación de aplicaciones descentralizadas y nuevos tipos de activos digitales, como los tokens no fungibles (NFT). Las NFT, que representan la propiedad digital de artículos únicos como arte, música y objetos de colección, han abierto nuevas vías de inversión y creatividad.

El artista digital **Beeple** se convirtió en un nombre muy conocido después de vender una obra de arte como NFT por la asombrosa cantidad de 69 millones de dólares en una subasta de Christie's. Este evento no solo catapultó la visibilidad de las NFT, sino que también inspiró a muchos a ingresar al espacio en busca de oportunidades similares. Hoy en día, cualquier persona con una idea creativa y voluntad de aprender puede explorar la creación y venta de NFT, participando en un mercado en auge.

Cómo invertir en criptomonedas: una guía práctica

Entrar en el mundo de las criptomonedas puede parecer intimidante, pero existen varias plataformas y recursos disponibles que facilitan el proceso a los principiantes. Intercambios como **Coinbase**, **binance** y **Kraken** Ofrecer interfaces fáciles de usar que permitan a los usuarios comprar, vender y almacenar criptomonedas con facilidad. Además, hay muchos recursos educativos disponibles que ayudan a los nuevos inversores a comprender mejor el mercado y los riesgos involucrados.

Invertir en criptomonedas implica riesgos y la volatilidad del mercado es un factor importante a considerar. Sin embargo, con una investigación adecuada y una estrategia sólida, los inversores pueden navegar en este espacio de forma eficaz. Un enfoque recomendado es diversificar las inversiones asignando una parte de la cartera a criptomonedas y manteniendo al mismo tiempo una base sólida en activos tradicionales como acciones y bonos.

Blockchain y su papel en la innovación

La tecnología Blockchain es la columna vertebral de las criptomonedas y permite un sistema de registro descentralizado y seguro. Sin embargo, su potencial va mucho más allá de las criptomonedas. Blockchain se está explorando en varios sectores, incluidos la atención médica, la logística y el entretenimiento, para aumentar la transparencia y la eficiencia.

Empresas como **IBM** y **microsoft** están invirtiendo en soluciones basadas en blockchain que prometen revolucionar la forma en que se gestiona y comparte la información. Esta innovación no sólo presenta oportunidades para los inversores, sino también para los empresarios que quieran desarrollar soluciones creativas a los problemas globales. La aparición de startups que utilizan blockchain para mejorar los procesos tradicionales es un claro indicio de que la demanda de esta tecnología seguirá creciendo.

El futuro de las criptomonedas y Blockchain

A medida que más personas y empresas adoptan las criptomonedas y la tecnología blockchain, el futuro de estas innovaciones parece prometedor. Se están introduciendo nuevas regulaciones y la creciente aceptación de las criptomonedas como forma legítima de pago está contribuyendo a su legitimidad en el mercado financiero. Esto crea un entorno más seguro para los inversores y ofrece oportunidades de crecimiento.

Por ejemplo, empresas de pago como **Cuadrado** y **PayPal** ya han comenzado a permitir a sus usuarios comprar, vender y usar criptomonedas en sus transacciones diarias. Esto demuestra una creciente aceptación de la moneda digital y, a medida que más instituciones financieras adopten la tecnología, la confianza y el valor de las criptomonedas pueden seguir aumentando.

Oportunidades para todos

El impacto de las criptomonedas y la tecnología blockchain está redefiniendo el concepto de riqueza y cómo las personas pueden lograrla. Las historias de millonarios que invirtieron en Bitcoin, Ethereum y NFT son una prueba de que, con coraje y conocimiento, cualquiera puede ingresar a este nuevo mundo y crear oportunidades de ingresos.

Es importante recordar que, si bien las criptomonedas ofrecen el potencial de obtener altos rendimientos, también conllevan riesgos importantes. La educación y la investigación son clave para quienes buscan invertir en este espacio. Con las herramientas y recursos adecuados, el sueño de convertirse en millonario a través de las criptomonedas y blockchain no es sólo una posibilidad, sino una realidad alcanzable para todos.

Por lo tanto, la clave para la riqueza en el futuro bien puede residir en la adopción de estas tecnologías emergentes, convirtiéndolas en una parte esencial de la hoja de ruta de un millón de dólares para cualquiera que aspire al éxito financiero.

CAPÍTULO 8: IA EN EL MUNDO DE LAS INVERSIONES: CÓMO MAXIMIZAR LAS GANANCIAS

Introducción a la Inteligencia Artificial en la Inversión

En los últimos años, la Inteligencia Artificial (IA) se ha convertido en una herramienta revolucionaria en el mundo de las inversiones, que permite a los inversores, tanto profesionales como aficionados, tomar decisiones más informadas y eficientes. La capacidad de la IA para analizar grandes volúmenes de datos en tiempo real e identificar patrones ocultos está transformando la forma en que se gestionan las carteras y se desarrollan las estrategias de inversión.

Los inversores recurren cada vez más a algoritmos y plataformas basadas en inteligencia artificial para obtener información que antes habría sido imposible descubrir manualmente. Este capítulo explorará las muchas formas en que se utiliza la IA en la industria de inversiones, desde el análisis de datos complejos hasta el desarrollo de carteras automatizadas. Además, presentaremos historias inspiradoras de millonarios que confiaron en la IA para aumentar sus ganancias y cómo esta tecnología puede ser un aliado en el camino hacia la riqueza.

Análisis de datos complejos con IA

El análisis de datos es una de las áreas donde la IA realmente brilla. La cantidad de datos que se generan diariamente en el mercado financiero es inmensa, y la capacidad de procesar y analizar estos datos de forma rápida y precisa es crucial para el éxito de cualquier inversor. Las herramientas de inteligencia artificial pueden escanear rápidamente noticias financieras, informes de empresas e incluso datos de redes sociales para identificar sentimientos y tendencias que podrían afectar los precios de las acciones.

Por ejemplo, la empresa **Sentifi** utiliza IA para analizar redes sociales y datos de noticias, proporcionando información sobre la percepción pública de diferentes acciones y sectores. Esto permite a los inversores ajustar sus estrategias basándose en información en tiempo real, mejorando así sus posibilidades de éxito.

Robots inversores: carteras automáticas

Una de las innovaciones más notables en la intersección de la IA y la inversión son los robots inversores, que automatizan la gestión de carteras. Estos robots utilizan algoritmos avanzados para asignar activos según las preferencias y los objetivos financieros de los usuarios, minimizando los riesgos y maximizando los rendimientos. Plataformas como **frente de riqueza** y **Mejoramiento** se han vuelto populares por ofrecer soluciones de inversión accesibles basadas en inteligencia artificial.

Los Robo inversores no sólo optimizan la asignación de activos, sino que también reequilibran las carteras automáticamente a medida que cambian las condiciones del mercado. Esto permite a los inversores, especialmente aquellos que no tienen la experiencia o el tiempo para gestionar activamente sus inversiones, seguir beneficiándose de una estrategia de inversión sólida.

Ejemplos de millonarios y éxito con la IA

Las historias de éxito de inversores que han utilizado la IA son inspiradoras e ilustran el potencial de esta tecnología. Un ejemplo notable es el de **David Shaw**, fundador de **DELAWARE. Grupo Shaw**, una de las primeras empresas en utilizar algoritmos de inteligencia artificial para operaciones de alta frecuencia. Shaw, ex profesor de informática en Columbia, vio crecer exponencialmente su fondo de cobertura mediante el empleo de estrategias basadas en datos, lo que lo estableció como uno de los multimillonarios más respetados en la industria financiera.

Otro ejemplo es **Ray Dalio**, fundador de **Asociados de Bridgewater**, que ha adoptado la IA para complementar sus estrategias de inversión. Dalio es conocido por su uso de modelos cuantitativos y análisis de datos para identificar tendencias del mercado, lo que genera retornos constantes para sus inversores a lo largo de los años.

Estos ejemplos no sólo demuestran el potencial de la IA, sino que también enfatizan la importancia de una mentalidad adaptativa e innovadora en el mundo de la inversión. A medida que la tecnología siga evolucionando, quienes adopten la IA estarán mejor posicionados para prosperar.

La integración de la IA en las estrategias de inversión

La integración de la IA en las estrategias de inversión no se limita solo al análisis de datos o al uso de robots inversores; también implica la creación de modelos predictivos que puedan ayudar a anticipar los movimientos del mercado. Los modelos basados en aprendizaje automático pueden identificar correlaciones y patrones que pueden no ser inmediatamente evidentes para los analistas humanos.

Por ejemplo, el **Kensho**, una empresa de análisis de datos, proporciona herramientas que permiten a los inversores hacer predicciones informadas sobre cómo eventos específicos pueden afectar los mercados financieros. Esto no sólo mejora la capacidad de toma de decisiones sino que también ayuda a reducir la incertidumbre asociada con la inversión en activos volátiles.

El futuro de la IA en las inversiones

A medida que la IA siga desarrollándose, es probable que su papel en el mundo de las inversiones se amplíe aún más. Innovaciones como la automatización de los procesos comerciales y la personalización de estrategias de inversión basadas en el comportamiento del usuario son solo algunas de las formas en que la IA puede seguir impactando la industria.

La capacidad de generar insights en tiempo real y optimizar decisiones financieras estará al alcance de cada vez más inversores, democratizando el acceso a información que antes era exclusiva de las grandes instituciones financieras. Con la IA, el sueño de convertirse en millonario es cada vez más accesible que nunca.

La IA como aliada en el camino hacia la riqueza

La Inteligencia Artificial representa una oportunidad sin precedentes para maximizar las ganancias en el mundo de las inversiones. Al emplear herramientas de inteligencia artificial para el análisis de datos, el desarrollo automatizado de carteras y la creación de modelos predictivos, los inversores están mejor equipados para afrontar los desafíos del mercado moderno.

Los ejemplos de millonarios que confiaron en la IA para aumentar sus ganancias son una inspiración para todos los que aspiran al éxito financiero. La clave para el éxito futuro será la voluntad de adoptar la innovación y adaptarse a un entorno en constante cambio. A medida que avance la tecnología, el mapa del millón será más accesible y la IA estará a la vanguardia de esta transformación.

CAPÍTULO 9: MONETIZAR HABILIDADES CON PLATAFORMAS DIGITALES

La revolución digital y el emprendimiento moderno

En los últimos años, la revolución digital ha transformado la forma en que las personas trabajan, permitiendo a las personas comunes y corrientes monetizar sus habilidades de maneras que antes eran inimaginables. Con el avance de la tecnología, especialmente la Inteligencia Artificial (IA), plataformas digitales como Fiverr, Upwork y YouTube han abierto puertas a autónomos y creadores de contenido de todo el mundo. En este capítulo, exploraremos cómo estas plataformas han permitido que la gente común se convierta en millonaria al convertir pasatiempos y talentos en negocios rentables.

Las plataformas digitales ofrecen una forma accesible para que cualquiera pueda mostrar sus habilidades y servicios. Ya sea a través de la venta de diseño gráfico, redacción, programación, clases online o contenido audiovisual, las oportunidades son infinitas. La IA juega un papel crucial en este escenario, facilitando la conexión entre proveedores de servicios y clientes, automatizando los procesos de marketing y ayudando a optimizar el trabajo. Este capítulo profundizará en cómo maximizar estas oportunidades.

Trabajo independiente: la nueva normalidad

Trabajar como autónomo se ha convertido en una opción atractiva para muchos, ya que permite flexibilidad y la posibilidad de obtener ingresos ilimitados. Plataformas como Upwork y Fiverr conectan a autónomos con clientes que necesitan una variedad de servicios. Estas plataformas no solo ofrecen visibilidad, sino que también brindan herramientas y recursos que ayudan a los autónomos a gestionar sus negocios.

Por ejemplo, los autónomos pueden crear perfiles detallados que destaquen sus habilidades, experiencia y carteras de trabajo. Esto es particularmente importante en un mercado competitivo donde las primeras impresiones pueden marcar la diferencia. Además, las plataformas ofrecen protección de pagos y atención al cliente, lo que genera confianza tanto para los autónomos como para los clientes.

Muchos autónomos exitosos comenzaron ofreciendo sus servicios a un precio bajo para crear una cartera y recibir críticas positivas. Después de establecer una buena reputación, pueden aumentar sus precios y atraer clientes de mayor valor. La clave del éxito como autónomo es la coherencia y la calidad del trabajo realizado.

Crear contenido en YouTube: de la pasión a la rentabilidad

YouTube se ha convertido en una poderosa plataforma para monetizar habilidades y pasiones. Los creadores de contenido pueden transformar sus experiencias y conocimientos en videos que atraigan a una audiencia global. Con la capacidad de generar ingresos a través de publicidad, patrocinios y venta de productos, muchos se han convertido en millonarios en cuestión de años.

Un ejemplo notable es **Mrbeast**, que comenzó con videos de desafíos y donaciones. Ahora genera millones en ingresos y reinvierte en sus producciones, creando un ciclo de crecimiento exponencial. Otro caso es **Michelle Phan**, que se convirtió en una influencer de belleza y emprendedora monetizando sus tutoriales de maquillaje.

Para tener éxito en YouTube, es fundamental comprender el algoritmo de la plataforma y cómo premia la coherencia y la interacción con la audiencia. Los creadores que publican regularmente e interactúan con sus seguidores tienen más probabilidades de hacer crecer y monetizar sus canales.

Las habilidades como activos valiosos

Lo que mucha gente no se da cuenta es que sus habilidades pueden considerarse activos valiosos en el mercado digital. Se pueden monetizar habilidades en diseño, redacción, programación, marketing digital e incluso pasatiempos como cocinar o jardinería. Las plataformas digitales hacen esto posible al brindar un espacio para que las personas ofrezcan su experiencia y servicios.

Por ejemplo, una persona que tiene habilidades culinarias podría crear un canal de YouTube con recetas, vender libros electrónicos de recetas u ofrecer clases de cocina en línea. Asimismo, alguien que sea bueno en diseño gráfico puede ofrecer servicios de creación de logotipos o marketing digital en plataformas como Fiverr.

La IA puede ayudar en este proceso proporcionando información sobre las tendencias del mercado, lo que permite a los proveedores de servicios ajustar sus ofertas según la demanda. Además, las herramientas de automatización pueden ayudar a gestionar la programación, el marketing y las finanzas, lo que permite a los creadores de contenido centrarse en sus pasiones.

La importancia de la marca personal

Construir una marca personal es esencial en el mundo digital. La forma en que se presentan los autónomos y los creadores de contenido puede marcar una gran diferencia en su capacidad para atraer clientes y audiencias. La marca personal implica no sólo diseño visual, sino también comunicación y autenticidad.

Tener un perfil atractivo en plataformas de trabajo independiente, un canal de YouTube bien diseñado y una presencia activa en las redes sociales son componentes cruciales de la marca personal. Esta presencia en línea ayuda a establecer credibilidad y confianza, factores clave para convertir a los visitantes en clientes de pago.

Los autónomos exitosos invierten tiempo en crear contenido que resuene con su público objetivo y refleje su personalidad y valores. Esto no sólo le ayuda a atraer clientes, sino también a mantener una audiencia leal que puede traducirse en ventas recurrentes.

Historias de éxito: convertir pasatiempos en riqueza

El mundo está lleno de historias inspiradoras de personas que convirtieron sus pasatiempos en empresas rentables. Por ejemplo, **Pat Flynn** Comenzó su blog "Smart Passive Income" como un proyecto paralelo, compartiendo consejos sobre cómo generar ingresos en línea. No solo ha conseguido seguidores leales, sino que también se ha convertido en un autor de best sellers y un influencer en el campo del marketing digital.

Otro ejemplo es **Katherine Johnson**, quien comenzó a compartir sus recetas de pasteles en Instagram. Su amor por la repostería rápidamente se convirtió en un negocio exitoso, donde ahora vende cursos en línea y productos relacionados. Estos ejemplos ilustran cómo es posible monetizar pasiones y habilidades, logrando la libertad financiera.

El futuro del trabajo: la evolución de las oportunidades digitales

A medida que el mundo digital siga evolucionando, las oportunidades de monetización también crecerán. Con el auge de la IA, se espera que surjan nuevas plataformas y herramientas, lo que facilitará aún más el proceso de transformar las habilidades en ganancias. La personalización de la experiencia del usuario y la automatización de procesos facilitarán a los autónomos y creadores de contenido gestionar sus actividades y maximizar sus ganancias.

También se espera que continúe la tendencia de "trabajar desde cualquier lugar", lo que permitirá a personas de todo el mundo acceder al mercado global. El trabajo remoto no es sólo una comodidad; Es una oportunidad para ampliar horizontes y llegar a un público más amplio.

Monetizar lo que amas

La capacidad de monetizar habilidades a través de plataformas digitales es una revolución que ha democratizado el emprendimiento. Con el apoyo de la inteligencia artificial y las herramientas digitales, cualquiera puede convertirse en un autónomo o creador de contenidos de éxito. El secreto es identificar tus pasiones, invertir en desarrollar habilidades y tener un plan de acción.

Para quienes estén dispuestos a aprender y adaptarse, el cielo es el límite. El camino para convertirse en millonario puede comenzar con un simple paso: convertir sus habilidades y pasiones en un negocio. La era digital ofrece las herramientas; Depende de usted aprovechar las oportunidades que se presenten.

CAPÍTULO 10: EL PODER DE LA AUTOMATIZACIÓN EN EL COMERCIO ELECTRÓNICO

La revolución del comercio electrónico

En los últimos años, el comercio electrónico se ha transformado en uno de los sectores más dinámicos de la economía global, impulsado por la innovación tecnológica y la creciente aceptación de las compras en línea por parte de los consumidores. Una de las mayores innovaciones en este espacio es la automatización, que permite a los emprendedores crear tiendas online rentables sin las complicaciones tradicionales de la gestión de inventario o el servicio al cliente. Con la ayuda de la Inteligencia Artificial (IA), la automatización está remodelando la forma en que operan las empresas, haciendo que el comercio electrónico sea más accesible y eficiente que nunca.

La automatización en el comercio electrónico implica la implementación de tecnologías que permiten realizar tareas repetitivas con una mínima intervención humana. Esto puede incluir todo, desde la gestión de inventario hasta la personalización de la experiencia del cliente.

Con herramientas automatizadas, los emprendedores pueden centrarse en estrategias de crecimiento e innovación en lugar de perderse en tareas administrativas.

Gestión de inventario: la automatización como solución

La gestión de inventario es una de las áreas más desafiantes para las empresas de comercio electrónico, especialmente para aquellas que no quieren lidiar con el almacenamiento físico de productos. La automatización permite a las empresas utilizar sistemas de gestión de inventario que monitorean automáticamente la disponibilidad de productos, los pedidos y los reabastecimientos.

Estos sistemas basados en IA pueden predecir la demanda basándose en datos históricos y tendencias del mercado, ajustando los niveles de inventario en tiempo real. Por ejemplo, plataformas como Shopify y WooCommerce ofrecen soluciones de automatización que permiten a las tiendas monitorear los niveles de inventario sin intervención manual. Esto reduce el riesgo de exceso de existencias o escasez de productos, lo que se traduce en eficiencia y ahorro de costes.

Además, con el uso de tecnologías de integración, las empresas pueden automatizar la conexión entre sus sistemas de inventario y sus canales de venta, asegurando que la información esté siempre actualizada. Este nivel de automatización no sólo mejora la experiencia del cliente, sino que también libera a los propietarios de tiendas para centrarse en áreas más estratégicas de su negocio.

Campañas de marketing automatizadas

Otra área donde la automatización tiene un impacto significativo es en las campañas de marketing. Con las herramientas de automatización de marketing, los propietarios de empresas pueden segmentar sus audiencias de forma más eficaz y personalizar sus comunicaciones. Plataformas como Mailchimp y HubSpot permiten a las empresas crear campañas de correo electrónico automatizadas que se adaptan al comportamiento del consumidor.

Estas plataformas utilizan algoritmos de inteligencia artificial para analizar los datos de los clientes y predecir qué productos o promociones podrían resultar más atractivos. Por ejemplo, si un cliente vio un producto, la empresa podría enviar un correo electrónico automático ofreciendo un descuento en ese artículo específico. Esto no sólo aumenta las tasas de conversión sino que también mejora la experiencia del cliente al hacer que la comunicación sea más relevante y personalizada.

Además de las campañas de correo electrónico, la automatización también permite a las empresas gestionar sus redes sociales de forma más eficaz. Herramientas como Hootsuite y Buffer le permiten programar publicaciones y monitorear la participación, liberando un tiempo valioso para que los propietarios de negocios se concentren en crear contenido de calidad e interactuar con sus clientes.

Servicio al cliente automatizado

El servicio al cliente es una de las áreas donde la automatización puede tener un profundo impacto. Los chatbots y asistentes virtuales impulsados por IA son cada vez más comunes en el comercio electrónico, lo que permite a las empresas brindar soporte las 24 horas, los 7 días de la semana. Estos bots pueden responder preguntas frecuentes, resolver problemas simples e incluso procesar pedidos, todo sin necesidad de intervención humana.

Empresas como Zappos y Sephora ya han implementado chatbots para ayudar a los clientes con sus preguntas e inquietudes. Estos sistemas no sólo mejoran la experiencia del cliente, sino que también ahorran recursos al permitir que los empleados se concentren en cuestiones más complejas que requieren un toque humano.

La automatización en el servicio al cliente también permite una recopilación de datos más eficaz. Al registrar las interacciones, las empresas pueden analizar las tendencias y los comentarios de los clientes, lo que permite mejoras continuas en sus productos y servicios. Esto crea un circuito de retroalimentación virtuoso que beneficia tanto a la empresa como al cliente.

Ejemplos exitosos: emprendedores que utilizaron la automatización

Muchos emprendedores están aprovechando los beneficios de la automatización en el comercio electrónico y transformando sus ideas en negocios exitosos. Por ejemplo, **Oberlo** es una plataforma que permite a los emprendedores realizar dropshipping, eliminando la necesidad de gestionar el inventario. Con la automatización, los propietarios de empresas pueden importar fácilmente productos de proveedores, automatizar pedidos y gestionar ventas, todo con un solo clic.

Otro ejemplo es el **TeePrimavera**, que permite a los creadores de contenido diseñar y vender camisetas personalizadas sin preocuparse por administrar el inventario o la producción. La automatización les permite centrarse en el marketing y la creación de nuevos diseños, mientras la plataforma se encarga del resto.

Estos ejemplos demuestran cómo la automatización puede convertir una idea simple en un negocio próspero. A medida que más personas reconozcan las ventajas de operar tiendas en línea automatizadas, es probable que el comercio electrónico continúe creciendo exponencialmente.

El futuro del comercio electrónico:

el auge de la automatización

El futuro del comercio electrónico parece cada vez más automatizado. A medida que avanzan las tecnologías de inteligencia artificial y aprendizaje automático, podemos esperar que las empresas puedan predecir las necesidades de los clientes con aún más precisión y ofrecer experiencias de compra más personalizadas.

La automatización no se limita sólo a la gestión de inventario y al marketing; también puede incluir la personalización de la experiencia del usuario en tiempo real. A medida que los sistemas se vuelvan más sofisticados, será posible adaptar la interfaz de usuario, los productos recomendados y las ofertas especiales en función de las preferencias individuales del cliente, haciendo que la experiencia de compra sea más intuitiva y agradable.

Además, nuevas tecnologías como la realidad aumentada y virtual están comenzando a ingresar al espacio del comercio electrónico, ofreciendo a los clientes la oportunidad de probar productos antes de comprarlos. La automatización será clave para integrar estas tecnologías y garantizar que la experiencia del cliente siga siendo fluida y atractiva.

El impacto de la automatización en el comercio electrónico

La automatización en el comercio electrónico no es sólo una tendencia pasajera; es un cambio fundamental en la forma en que operan las empresas. Permite a los emprendedores crear tiendas en línea rentables sin la molestia de lidiar con el inventario o el servicio al cliente. La combinación de herramientas automatizadas e inteligencia artificial está revolucionando la gestión de inventario, las campañas de marketing y el servicio al cliente, brindando una experiencia más eficiente tanto para los propietarios de empresas como para los consumidores.

A medida que el comercio electrónico siga creciendo y desarrollándose, la automatización será un elemento central en la creación de modelos de negocio sostenibles y rentables. Para los emprendedores que estén dispuestos a aprovechar estas herramientas, el futuro es brillante, con la promesa de nuevas oportunidades y un crecimiento exponencial. La era de la automatización acaba de comenzar y quienes se adapten rápidamente cosecharán los frutos de esta revolución digital.

CAPÍTULO 11: INVERSIÓN INTELIGENTE CON IA

El nuevo paradigma de inversión

La transformación digital que se viene produciendo en varias industrias también ha impactado significativamente al sector financiero, especialmente al campo de las inversiones. La Inteligencia Artificial (IA) está en el centro de esta revolución, permitiendo enfoques más sofisticados y personalizados para la construcción de carteras. Las herramientas de IA, que antes estaban restringidas a inversores institucionales y fondos de cobertura, ahora son accesibles a cualquier inversor, lo que democratiza el acceso al conocimiento y las estrategias de inversión.

La IA permite el análisis de datos a gran escala, lo que facilita la identificación de patrones que serían imposibles de detectar con métodos tradicionales. Las máquinas pueden procesar inmensas cantidades de información en segundos, desde informes financieros y datos de mercado hasta noticias y redes sociales. Esto no sólo mejora la precisión de las previsiones sino que también permite a los inversores ajustar sus estrategias en tiempo real.

Análisis de Riesgo y Retorno

Uno de los principales beneficios de la IA en la inversión es su capacidad para crear carteras personalizadas basadas en análisis de riesgos y proyecciones de mercado. A través de algoritmos complejos, los sistemas de inteligencia artificial pueden evaluar el apetito por el riesgo de un inversor analizando factores como la edad, la situación financiera, los objetivos de inversión y la tolerancia al riesgo. Con esta información, la IA puede sugerir la asignación ideal de activos, equilibrando las inversiones en acciones, bonos, bienes raíces y otras clases de activos.

Por ejemplo, plataformas como Wealthfront y Betterment utilizan algoritmos para ofrecer asesoramiento de inversión automatizado. Estos sistemas analizan constantemente el rendimiento de los activos y ajustan las asignaciones en función de las condiciones cambiantes del mercado, lo que ayuda a los inversores a maximizar sus rendimientos y minimizar el riesgo.

Además, la IA puede identificar correlaciones entre diferentes activos que pueden no ser evidentes para el inversor medio. Esto permite que la diversificación de la cartera sea más eficiente, reduciendo la volatilidad y aumentando el potencial de retorno. Los estudios muestran que la diversificación es uno de los factores más importantes para el éxito de las inversiones a largo plazo y la IA facilita esta práctica de formas innovadoras.

Previsiones del mercado de IA

La capacidad de la IA para analizar grandes volúmenes de datos en tiempo real le permite realizar predicciones de mercado más precisas. Los modelos predictivos pueden identificar tendencias emergentes y signos de condiciones económicas cambiantes antes de que se vuelvan evidentes para el mercado en general. Esto brinda a los inversores una ventaja competitiva al permitirles ajustar sus estrategias antes de que se materialicen las oscilaciones del mercado.

Por ejemplo, los sistemas de inteligencia artificial como el utilizado por BlackRock, uno de los administradores de activos más grandes del mundo, analizan datos de mercado en tiempo real para predecir movimientos de precios e identificar oportunidades de inversión. Estos sistemas son capaces de procesar información de diferentes fuentes, incluidos datos económicos, financieros y sociales, para proporcionar información valiosa sobre el futuro.

Con la IA, los inversores pueden beneficiarse de un enfoque más basado en datos, minimizando las decisiones impulsivas que a menudo resultan en pérdidas financieras. En lugar de confiar en intuiciones o especulaciones, los inversores ahora pueden tomar decisiones basadas en análisis objetivos, aumentando las posibilidades de éxito en sus inversiones.

Carteras dinámicas y reequilibrio automático

Otro aspecto crucial del uso de la IA en la inversión es la capacidad de crear carteras dinámicas que se ajustan automáticamente a las condiciones del mercado. El reequilibrio automático permite a los inversores mantener la asignación de activos deseada sin la necesidad de una intervención manual constante. Esto es particularmente útil en un entorno de mercado volátil donde las condiciones pueden cambiar rápidamente.

Las plataformas que utilizan IA pueden monitorear continuamente el desempeño de los activos y ajustar las asignaciones en tiempo real, asegurando que la cartera permanezca alineada con los objetivos del inversor. Esta automatización no sólo ahorra tiempo sino que también minimiza el riesgo de decisiones emocionales que pueden comprometer el rendimiento de la cartera.

Además, la IA puede integrar diferentes estrategias de inversión, como la inversión en valor y la inversión en crecimiento, en una única cartera. Esto permite a los inversores beneficiarse de múltiples enfoques y adaptarse rápidamente a las condiciones cambiantes del mercado, mejorando sus posibilidades de éxito.

Oportunidades para todos los inversores

La democratización del acceso a las herramientas de IA está permitiendo a inversores de todos los niveles beneficiarse de estrategias de inversión avanzadas. Anteriormente, sólo los inversores institucionales y de alto patrimonio tenían acceso a estas tecnologías, pero ahora, con la aparición de plataformas como Robinhood, Acorns y M1 Finance, cualquiera puede empezar a invertir con la ayuda de la IA.

Estas plataformas ofrecen capacidades de análisis y gestión de carteras que antes solo estaban disponibles para los profesionales financieros. Esto no sólo empodera a los inversionistas individuales, sino que también ayuda a fomentar una cultura de educación financiera, donde los inversionistas están más informados y capacitados para tomar decisiones.

Además, la IA puede ayudar a los inversores a identificar oportunidades en mercados emergentes y sectores innovadores que tal vez no reciban la debida atención. Por ejemplo, las inversiones en tecnologías sostenibles y empresas de biotecnología están creciendo rápidamente, y la IA puede ayudar a identificar las mejores opciones dentro de estos sectores, impulsando el crecimiento de la cartera.

Consideraciones éticas y riesgos de la IA en las inversiones

A pesar de los numerosos beneficios de la IA en el panorama de las inversiones, también existen consideraciones y riesgos éticos que deben tenerse en cuenta. La dependencia excesiva de los algoritmos puede conducir a decisiones de inversión que no tienen en cuenta importantes factores humanos y sociales. Además, la transparencia en los procesos de toma de decisiones de las plataformas de IA es fundamental para garantizar que los inversores comprendan cómo se toman sus decisiones.

Las cuestiones de ciberseguridad también son una preocupación creciente. A medida que más inversores adoptan plataformas digitales para gestionar sus inversiones, la protección contra el fraude y los ciberataques se vuelve esencial. Las empresas deben garantizar que sus medidas de seguridad sean sólidas y que los datos de los inversores estén protegidos.

El futuro de la inversión en IA

El futuro de la inversión en IA parece prometedor a medida que las tecnologías continúan evolucionando. Podemos esperar un aumento en la personalización de las estrategias de inversión, con herramientas que se adapten aún más a las necesidades individuales de los inversores. Además, la IA desempeñará un papel clave en la identificación de nuevas clases de activos y el análisis de inversiones alternativas como las criptomonedas y los activos tokenizados.

Las innovaciones en IA también pueden conducir a una mayor integración entre diferentes mercados y sectores, permitiendo a los inversores explorar más fácilmente las oportunidades globales. Con la continua evolución de las tecnologías de IA, el panorama de inversión será cada vez más accesible y diverso.

Generando riqueza con IA

En definitiva, la Inteligencia Artificial está transformando el panorama inversor, permitiendo la creación de carteras personalizadas y facilitando el análisis de riesgos y rentabilidad. Con un acceso democratizado a estas tecnologías, cualquier inversor puede aprovechar la automatización y el análisis basado en datos para generar riqueza rápidamente.

A medida que la IA siga evolucionando, su influencia

en la inversión no hará más que aumentar, proporcionando nuevas oportunidades para todos los inversores. La clave del éxito será mantenerse informado sobre las innovaciones tecnológicas y adoptar una mentalidad abierta a las nuevas posibilidades que la IA puede aportar al mundo de la inversión.

CAPÍTULO 12: HERRAMIENTAS DE IA PARA EMPRENDEDORES EN CIERNES

El escenario actual para los emprendedores

En el entorno empresarial contemporáneo, las herramientas de Inteligencia Artificial (IA) se han vuelto indispensables para los pequeños empresarios que buscan optimizar sus operaciones, aumentar la eficiencia e impulsar el crecimiento. La tecnología de IA permite que incluso las empresas más modestas accedan a capacidades que antes solo estaban disponibles para las grandes empresas, democratizando el acceso a soluciones innovadoras. Esto es crucial en un mundo donde la agilidad y la adaptabilidad son claves para el éxito.

El uso de herramientas de inteligencia artificial no solo facilita la automatización de tareas rutinarias, sino que también proporciona información valiosa a través del análisis de datos, lo que ayuda a los emprendedores a tomar decisiones informadas. En este capítulo, exploraremos algunas de las principales herramientas de inteligencia artificial a las que pueden acceder los propietarios de pequeñas empresas, incluidos los sistemas de gestión de relaciones con los clientes (CRM), las plataformas de automatización de marketing y las herramientas de análisis de datos.

CRM inteligentes: transformando las relaciones con los clientes

Los sistemas de gestión de relaciones con los clientes (CRM) son fundamentales para el crecimiento de cualquier negocio, ya que permiten a los empresarios gestionar sus interacciones con los clientes y clientes potenciales de manera eficiente. Las soluciones de CRM inteligentes como Salesforce, HubSpot y Zoho CRM utilizan IA para optimizar la gestión de clientes potenciales y automatizar el seguimiento, lo que permite a los emprendedores centrarse en cerrar acuerdos y construir relaciones duraderas.

Estos CRM inteligentes ofrecen funciones avanzadas como análisis predictivos que lo ayudan a identificar qué clientes potenciales tienen más probabilidades de realizar una conversión. Esto se hace mediante el análisis de datos históricos y de comportamiento, lo que permite a los emprendedores priorizar sus esfuerzos de ventas de manera más efectiva. Además, automatizar tareas rutinarias como enviar correos electrónicos de seguimiento y programar reuniones libera tiempo valioso para que los emprendedores se concentren en actividades estratégicas.

Otra característica importante de los CRM modernos es la integración con otras herramientas comerciales, como plataformas de marketing digital y sistemas de contabilidad. Esta integración permite una visión holística del negocio, facilitando la recopilación de datos y la colaboración entre diferentes departamentos. Con estas herramientas, los emprendedores no sólo pueden mejorar sus ventas, sino también ofrecer una experiencia más personalizada y satisfactoria para los clientes.

Plataformas de automatización de

marketing: acelerando el crecimiento

La automatización del marketing es otra área donde las herramientas de inteligencia artificial pueden tener un impacto significativo en el crecimiento de las pequeñas empresas. Plataformas como Mailchimp, ActiveCampaign y Marketo ofrecen soluciones sólidas que permiten a los emprendedores crear y gestionar campañas de marketing de forma eficaz, ahorrando tiempo y recursos.

Estas plataformas utilizan algoritmos de inteligencia artificial para segmentar audiencias, personalizar contenido y optimizar campañas en función de datos de rendimiento en tiempo real. Por ejemplo, la segmentación de clientes permite a los empresarios enviar mensajes más relevantes y específicos, aumentando las tasas de apertura y conversión. Además, automatizar el envío de correos electrónicos y publicaciones en redes sociales garantiza que el contenido se entregue en el momento adecuado, maximizando la participación.

El análisis de datos también juega un papel crucial en las plataformas de automatización de marketing. Los emprendedores pueden monitorear el desempeño de sus campañas, evaluar qué tácticas están funcionando y ajustar sus estrategias en función de datos concretos. Con informes detallados y conocimientos prácticos, los emprendedores pueden tomar decisiones informadas sobre dónde invertir sus recursos de marketing para obtener el mayor retorno de la inversión.

Herramientas de análisis de datos: tomar decisiones informadas

Las herramientas de análisis de datos como Google Analytics, Tableau y Microsoft Power BI son esenciales para ayudar a los emprendedores a comprender el desempeño de su negocio y tomar decisiones basadas en datos. Estas plataformas permiten a los emprendedores recopilar, analizar y visualizar datos de múltiples fuentes, lo que facilita la identificación de tendencias y oportunidades.

Con la ayuda de la IA, estas herramientas pueden automatizar el análisis de grandes volúmenes de datos, extrayendo información que sería difícil de identificar manualmente. Por ejemplo, los empresarios pueden utilizar análisis predictivos para anticipar el comportamiento de los clientes, ajustando sus estrategias de marketing y ventas en función de las predicciones. Esto no sólo mejora la eficiencia sino que también aumenta las posibilidades de éxito.

Además, la visualización de datos es una parte importante del proceso de análisis. Herramientas como Tableau permiten a los emprendedores crear paneles interactivos que presentan información de forma clara y accesible. Esto es crucial para comunicar resultados y estrategias a equipos e inversores, facilitando la colaboración y la alineación en torno a objetivos comunes.

El futuro con herramientas de IA

A medida que avance la tecnología, el papel de las herramientas de IA en las vidas de los emprendedores en ciernes seguirá creciendo. La automatización de procesos, la personalización del servicio al cliente y el análisis de datos en tiempo real son solo algunas de las formas en que la IA puede ayudar a impulsar el crecimiento empresarial. Para los pequeños empresarios, adoptar estas herramientas no es sólo una ventaja competitiva; Es una necesidad para sobrevivir y prosperar en un entorno empresarial cada vez más desafiante.

En un mundo donde la velocidad y la eficiencia son claves, las herramientas de inteligencia artificial se han convertido en aliados esenciales para los emprendedores que no solo quieren mantenerse al día, sino liderar. Con acceso a estas tecnologías innovadoras, cualquiera puede hacer realidad su visión empresarial e impulsar su negocio hacia el éxito.

CAPÍTULO 13: LA ECONOMÍA COLABORATIVA Y LA NUEVA RIQUEZA

El auge de la economía colaborativa

En los últimos años, la economía colaborativa (o economía del trabajo temporal) ha surgido como un fenómeno global, impulsado por el crecimiento de las plataformas digitales. Este modelo de trabajo, que involucra a autónomos y trabajadores independientes, permite a las personas completar tareas y proyectos en lugar de comprometerse con un trabajo tradicional de tiempo completo. Esta transición ha revolucionado la forma en que las personas ganan dinero, creando nuevas oportunidades de riqueza para quienes estén dispuestos a explorar esta nueva forma de trabajar.

La llegada de aplicaciones y plataformas como Uber, Airbnb, Fiverr y Upwork ha facilitado la conexión entre los proveedores de servicios y los consumidores. Este acceso al mercado sin precedentes ha permitido a personas de diferentes orígenes y habilidades monetizar sus talentos y recursos. La economía colaborativa no sólo ofrece flexibilidad, sino que también democratiza la capacidad de generar ingresos, permitiendo que cualquiera se convierta en un empresario potencial.

Un aspecto fundamental de la economía colaborativa es su resiliencia en tiempos de crisis económica. Durante la pandemia de COVID-19, muchos trabajadores se enfrentaron a despidos y recortes de horas. En respuesta, muchos han recurrido a la economía informal para respaldar sus finanzas. Esto no sólo demostró la adaptabilidad de este modelo de trabajo, sino también cómo puede convertirse en una fuente viable de ingresos en tiempos difíciles.

El impacto de la tecnología y la IA

Las tecnologías emergentes, especialmente la Inteligencia Artificial (IA), desempeñan un papel clave en la optimización de las actividades de la economía colaborativa. Las plataformas digitales utilizan cada vez más algoritmos de inteligencia artificial para ofrecer a los trabajadores oportunidades que se ajusten a sus habilidades y preferencias. Esto no sólo mejora la eficiencia, sino que también permite a los autónomos optimizar sus propuestas y mejorar sus posibilidades de éxito.

Por ejemplo, aplicaciones de transporte como Uber y Lyft usan inteligencia artificial para determinar las mejores rutas y estimar los tiempos de llegada, mientras que plataformas de entrega como DoorDash y Postmates usan algoritmos para optimizar las entregas y maximizar las ganancias de los conductores. Del mismo modo, los sitios de autónomos utilizan herramientas de inteligencia artificial para analizar el desempeño de los autónomos, ofreciendo información que ayuda a mejorar la calidad del trabajo y aumentar la visibilidad.

Además, la IA se puede utilizar para automatizar tareas administrativas como la programación y la facturación, lo que permite a los autónomos centrarse en lo que mejor saben hacer: prestar servicios. Esto es especialmente beneficioso para quienes gestionan múltiples proyectos simultáneamente, una característica común en la economía de los trabajos por encargo. El resultado es una mayor eficiencia y el potencial de aumentar los ingresos.

Historias de éxito de la economía colaborativa

Muchas personas se han destacado en la economía del trabajo informal, convirtiendo sus habilidades en carreras lucrativas. Un ejemplo notable es el caso de Julie B. (nombre ficticio), una diseñadora gráfica que empezó a ofrecer sus servicios en Fiverr. Al principio, cobraba precios bajos para atraer clientes y crear una cartera. Con el tiempo, su reputación creció y pudo aumentar sus tarifas, convirtiéndose finalmente en una de las más vendidas de la plataforma. Hoy, Julie genera ingresos anuales de seis cifras, lo que demuestra cómo la economía informal puede convertir el talento en riqueza.

Otro ejemplo inspirador es el de un fotógrafo de bodas que utilizó plataformas como Instagram y Pinterest para promocionar su trabajo. Al construir una marca personal e interactuar con su audiencia, no solo pudo encontrar clientes, sino también crear productos digitales como guías de fotografía y cursos en línea. Esta diversificación de ingresos ejemplifica cómo la economía colaborativa permite a las personas explorar múltiples fuentes de ingresos, aumentando sus posibilidades de éxito financiero.

Estas historias son sólo la punta del iceberg. La economía colaborativa está llena de personas que, a través de la creatividad y el trabajo duro, han logrado cambiar sus vidas financieras. La accesibilidad y flexibilidad de este modelo de trabajo atrae cada vez a más personas, impulsando la transformación social y económica.

El futuro de la economía colaborativa y la IA

A medida que la economía colaborativa siga creciendo, se profundizará la integración de la IA en las plataformas digitales. Se espera que la automatización y el análisis de datos se vuelvan aún más sofisticados, lo que permitirá a los autónomos maximizar su potencial de ingresos. Con herramientas de IA cada vez más accesibles, los trabajadores independientes podrán tomar decisiones más informadas sobre qué proyectos emprender, qué habilidades desarrollar y cómo gestionar su tiempo de manera más eficiente.

Además, se está expandiendo la tendencia de plataformas especializadas en nichos específicos. Si bien plataformas como Upwork ofrecen una amplia gama de servicios, están surgiendo nuevas plataformas para conectar a trabajadores independientes en campos especializados como el arte digital, la redacción técnica y la consultoría. Esto crea oportunidades adicionales para quienes buscan sobresalir en áreas específicas y construir una base de clientes más leal.

La economía colaborativa, respaldada por plataformas digitales y tecnología de inteligencia artificial, está transformando la forma en que las personas trabajan y generan ingresos. Las oportunidades de obtener ganancias extraordinarias son reales y están disponibles para cualquiera que esté dispuesto a explorar este nuevo paradigma. Con historias de éxito inspiradoras y un entorno que fomenta la innovación y la flexibilidad, la economía colaborativa representa no solo un cambio en el empleo tradicional sino también una ruta viable para generar riqueza.

A medida que la tecnología siga evolucionando y la economía global se adapte, las posibilidades para los trabajadores independientes y autónomos no harán más que aumentar. El futuro de la economía colaborativa es brillante y quienes adopten este cambio estarán bien posicionados para cosechar los frutos de esta nueva era de riqueza.

CAPÍTULO 14: EMPRENDIMIENTO TECNOLÓGICO: LA PRÓXIMA FRONTERA

El auge del emprendimiento tecnológico

En los últimos años, el emprendimiento tecnológico se ha convertido en uno de los segmentos más dinámicos e innovadores de la economía global. Impulsados por la evolución de la Inteligencia Artificial (IA) y la tecnología blockchain, los emprendedores están desarrollando soluciones que no sólo satisfacen las necesidades emergentes, sino que también crean nuevas oportunidades de negocio. Este capítulo explora cómo esta nueva frontera está dando forma al futuro del trabajo y la riqueza, permitiendo que personas comunes y corrientes se conviertan en millonarios.

El crecimiento exponencial de la IA y la cadena de bloques no es sólo una tendencia pasajera; representa una revolución en la forma de hacer negocios. Las empresas emergentes que utilizan estas tecnologías están transformando industrias enteras, desde las finanzas hasta la atención médica, la educación y la logística. Por ejemplo, la IA se está utilizando para desarrollar sistemas de atención al cliente más eficientes, mientras que blockchain ofrece soluciones de seguridad y transparencia que están revolucionando las transacciones financieras.

Con la creciente digitalización, más emprendedores se están dando cuenta de las oportunidades creadas por estas tecnologías. La barrera de entrada para el emprendimiento tecnológico está disminuyendo, lo que permite que personas con conocimientos diversos, no solo aquellos con formación técnica, ingresen a este campo. Esta democratización del acceso está creando un ecosistema donde la innovación puede prosperar, independientemente de dónde provengan los emprendedores.

El papel de la IA y Blockchain en el emprendimiento

La IA está transformando el emprendimiento al automatizar procesos, optimizar operaciones y mejorar la toma de decisiones. Las herramientas de análisis predictivo, por ejemplo, ayudan a los propietarios de empresas a comprender mejor el comportamiento del consumidor, permitiéndoles personalizar productos y servicios para satisfacer las necesidades de su público objetivo. Esto no sólo aumenta la satisfacción del cliente, sino que también impulsa las ventas, creando un ciclo de crecimiento sostenible.

Por otro lado, blockchain está redefiniendo la forma en que las empresas gestionan sus operaciones. Al ofrecer un sistema descentralizado y seguro para registrar transacciones, blockchain elimina la necesidad de intermediarios, lo que reduce los costos y aumenta la eficiencia. Esto es especialmente relevante en sectores como las finanzas y la logística, donde la transparencia y la seguridad son cruciales.

Los emprendedores que adoptan estas tecnologías tienen la oportunidad de destacarse en un mercado competitivo. Un ejemplo notable es el crecimiento de nuevas empresas que ofrecen soluciones basadas en blockchain para el seguimiento de la cadena de suministro, lo que permite a las empresas demostrar la autenticidad y el origen de sus productos. Esto no sólo mejora la confianza del consumidor sino que también genera un valor significativo para las marcas.

Historias de Millonarios en Emprendimiento Tecnológico

Muchos emprendedores se destacaron en este nuevo escenario, construyendo imperios basados en soluciones tecnológicas innovadoras. Un ejemplo es la historia de Vitalik Buterin, cofundador de Ethereum, una plataforma basada en blockchain que permitió el desarrollo de contratos inteligentes. Su visión de una Internet descentralizada no sólo ha generado una nueva ola de startups, sino que también lo ha convertido en uno de los jóvenes multimillonarios más influyentes del mundo.

Otro ejemplo es la trayectoria de empresas como Airbnb y Uber, que, aunque no se basan exclusivamente en IA o blockchain, utilizan tecnologías emergentes para revolucionar sectores tradicionales. La capacidad de estos emprendedores para escalar rápidamente sus negocios y crear nuevas economías basadas en servicios es un testimonio del potencial del emprendimiento tecnológico.

Estas inspiradoras historias muestran que la entrada al emprendimiento tecnológico no está restringida a programadores o ingenieros. Cada vez más, personas con diversos orígenes se unen para formar equipos diversos, aportando diferentes perspectivas y experiencias al desarrollo de soluciones innovadoras.

Cómo ingresar al mercado de emprendimiento tecnológico

Para aquellos que quieran aventurarse en el mundo del emprendimiento tecnológico, las oportunidades son abundantes. Una de las claves del éxito es identificar un problema a resolver. Esto se puede hacer mediante investigaciones de mercado y comentarios de los clientes, lo que permite a los empresarios desarrollar productos y servicios que realmente satisfagan las necesidades del público.

Además, es fundamental construir una red de contactos. Asistir a eventos, conferencias y reuniones de tecnología es una excelente manera de conocer a otros emprendedores e inversores. La creación de redes puede abrir puertas a asociaciones, inversiones y oportunidades de crecimiento.

Finalmente, la educación continua es esencial. Con el rápido ritmo del cambio tecnológico, mantenerse actualizado sobre las tendencias de la industria y aprender nuevas habilidades es crucial para destacar. Los cursos, talleres y tutorías en línea pueden proporcionar el conocimiento necesario para navegar en este campo en constante evolución.

El futuro del emprendimiento tecnológico

El futuro del emprendimiento tecnológico es prometedor y lleno de posibilidades. Con la creciente adopción de la IA y blockchain, seguirán surgiendo nuevas oportunidades de negocio y la innovación será el motor que impulse esta evolución. A medida que más personas ingresen a este mercado, la diversidad de ideas y soluciones se expandirá, creando un ambiente fértil para el crecimiento económico.

Además, se espera que el emprendimiento tecnológico desempeñe un papel crucial en la solución de problemas globales como el cambio climático, la desigualdad social y la salud pública. Al desarrollar soluciones basadas en tecnología, los emprendedores tienen la oportunidad no sólo de crear riqueza, sino también de generar un impacto positivo en la sociedad.

La capacidad de cualquier persona de convertirse en emprendedor tecnológico, independientemente de su formación o experiencia, es una de las mayores promesas de esta nueva era. Con creatividad, determinación y las herramientas adecuadas, cualquiera puede explorar esta nueva frontera y potencialmente convertirse en millonario en el proceso.

17 CÓMO LA IA ESTÁ REVOLUCIONANDO EL MARKETING DIGITAL

1. ANÁLISIS DE DATOS Y PREDICCIÓN DE COMPORTAMIENTO

Uno de los mayores beneficios de la IA en el marketing digital es su capacidad para analizar grandes volúmenes de datos en tiempo real. Las herramientas de inteligencia artificial permiten a las empresas obtener información detallada sobre el comportamiento del consumidor segmentando con precisión las audiencias.

Por ejemplo, los algoritmos de aprendizaje automático pueden predecir los patrones de compra de los consumidores, sugiriendo qué productos o servicios es más probable que compren. Amazon, por ejemplo, utiliza IA para sugerir productos basándose en el historial de compras y el comportamiento de navegación de un usuario, lo que aumenta sus tasas de conversión y participación.

Estos análisis ayudan a las empresas a adaptar sus mensajes de marketing de forma mucho más eficiente. En lugar de campañas genéricas, los anuncios están dirigidos precisamente a audiencias objetivo, lo que da como resultado campañas más efectivas y un mayor retorno de la inversión (ROI).

2. PERSONALIZACIÓN A ESCALA

La personalización es uno de los aspectos más valiosos de la IA en el marketing digital. Las plataformas que utilizan IA pueden crear campañas de marketing personalizadas para cada usuario en función de su comportamiento, preferencias e interacciones pasadas. Con el poder de la IA, esta personalización se puede realizar a una escala que sería imposible manualmente.

Empresas como Netflix y Spotify utilizan IA para personalizar las recomendaciones de contenido para sus usuarios. En marketing digital, la IA se puede utilizar para personalizar correos electrónicos, anuncios e incluso páginas de destino para garantizar que cada usuario vea el contenido más relevante para él. Esta personalización no sólo mejora la experiencia del usuario sino que también aumenta las tasas de conversión.

3. OPTIMIZACIÓN DE CAMPAÑAS EN TIEMPO REAL

Otra gran ventaja de la IA en el marketing digital es su capacidad para optimizar campañas en tiempo real. Anteriormente, los especialistas en marketing tenían que esperar a que finalizara una campaña para analizar los resultados y realizar ajustes. Con la IA, esto ha cambiado.

Hoy en día, los algoritmos de IA pueden ajustar automáticamente las campañas en función del rendimiento. Si un anuncio no genera los clics esperados, la IA puede modificar el texto, ajustar el público objetivo o cambiar el presupuesto para mejorar los resultados. Esta capacidad de ajuste automático garantiza que las campañas siempre estén optimizadas para lograr el mejor rendimiento posible.

4. CHATBOTS Y SERVICIO AL CLIENTE AUTOMATIZADO

La IA también está revolucionando el servicio al cliente, un aspecto esencial del marketing digital. Los chatbots inteligentes, como los de empresas como Sephora y Domino's Pizza, permiten interactuar con los consumidores las 24 horas del día, los siete días de la semana. Estos chatbots están programados para responder preguntas frecuentes, brindar recomendaciones de productos e incluso procesar pedidos.

Además de mejorar la experiencia del cliente, los chatbots ayudan a las empresas a ahorrar tiempo y recursos. Esto es especialmente importante para las pequeñas empresas que pueden no tener los recursos para mantener un gran equipo de atención al cliente.

5. ANUNCIOS PROGRAMÁTICOS CON IA

La publicidad programática, impulsada por IA, está cambiando la forma en que se compran y venden los anuncios digitales. La publicidad programática utiliza inteligencia artificial para automatizar la compra de anuncios en línea, lo que permite a las empresas llegar a audiencias más específicas de manera más efectiva.

Empresas como Google y Facebook utilizan IA para ofrecer anuncios personalizados basados en los intereses, el comportamiento y la ubicación del usuario. Esto no sólo aumenta la relevancia de los anuncios sino que también mejora significativamente el ROI de las campañas de marketing.

6. LA IMPORTANCIA DEL SEO INTELIGENTE

La IA también está transformando el SEO (Search Engine Optimization), una de las principales estrategias de marketing digital. Las herramientas de inteligencia artificial pueden analizar el contenido web y sugerir mejoras para que las páginas tengan una mejor clasificación en los motores de búsqueda.

Por ejemplo, la plataforma SEO "MarketMuse" utiliza IA para analizar páginas de contenido y sugerir temas que faltan para hacerlas más sólidas y relevantes para los algoritmos de Google. Esto ayuda a las empresas a mejorar su visibilidad en línea y, en consecuencia, a atraer más tráfico orgánico.

EJEMPLOS DE ÉXITO CON LA IA EN MARKETING DIGITAL

Varios empresarios y empresas de gran éxito están utilizando la IA para impulsar sus campañas de marketing digital y construir imperios empresariales.

1. **Coca-Cola**: Coca-Cola utiliza IA para analizar datos de redes sociales y comentarios de los clientes, lo que le ayuda a ajustar sus campañas publicitarias en tiempo real. En 2017, Coca-Cola lanzó su primera campaña publicitaria totalmente diseñada con inteligencia artificial, basada en datos generados por los consumidores.

2. **Nike**: Nike utiliza IA para crear experiencias de compra personalizadas para sus clientes. A través de su aplicación, la empresa recomienda productos en función del comportamiento de compra y las preferencias del usuario. Además, Nike utiliza IA para crear anuncios dinámicos que cambian automáticamente según los intereses y acciones de los consumidores.

3. **Airbnb**: Airbnb utiliza IA para optimizar sus precios y predecir la demanda de alojamiento en diferentes ubicaciones. Además, la empresa utiliza IA para mejorar la experiencia del usuario ofreciendo alojamiento personalizado y recomendaciones de destinos.

LA IA COMO EL FUTURO DEL MARKETING DIGITAL

La revolución del marketing digital impulsada por la IA apenas está comenzando. A medida que avance la tecnología, veremos aún más innovaciones que permitirán campañas cada vez más efectivas y personalizadas. Los emprendedores que utilizan la IA para optimizar sus estrategias de marketing están a la vanguardia, creando imperios y logrando niveles de éxito antes inimaginables.

El futuro del marketing digital estará dominado en gran medida por algoritmos inteligentes que seguirán refinando y mejorando la forma en que las empresas llegan a sus consumidores. El uso de la IA no es sólo una ventaja competitiva: se está convirtiendo rápidamente en una necesidad para cualquier empresa que quiera prosperar en la economía digital.

Las empresas y los emprendedores que adoptan esta tecnología ahora están cosechando los frutos, mientras que aquellos que se resisten a adoptarla pueden quedarse atrás.

CAPÍTULO 16: INVERTIR EN INNOVACIONES TECNOLÓGICAS

La revolución de las innovaciones tecnológicas

En el siglo XXI, invertir en innovaciones tecnológicas, especialmente en áreas como la Inteligencia Artificial (IA) y las startups tecnológicas, se está convirtiendo en una de las estrategias más atractivas para quienes buscan construir fortunas. La tecnología se está desarrollando a un ritmo sin precedentes, creando un terreno fértil para inversiones que pueden generar retornos sustanciales. Para los inversores, comprender cómo identificar las tendencias emergentes y aprovechar estas oportunidades puede ser la clave del éxito financiero.

Con la creciente digitalización, la IA está a la vanguardia de esta revolución tecnológica. Según McKinsey, el impacto potencial de la IA en la economía global podría alcanzar billones de dólares en los próximos años. Esto representa no sólo una oportunidad para las empresas que desarrollan soluciones basadas en IA, sino también una oportunidad para los inversores que saben cómo identificar qué startups están a la vanguardia.

Identificar tendencias emergentes

Identificar las tendencias emergentes es fundamental para cualquier inversor que quiera adentrarse en el mundo de las innovaciones tecnológicas. El primer paso en este proceso es comprender el escenario actual del mercado. El uso cada vez mayor de la IA en industrias tan diversas como la atención médica, las finanzas, el transporte y el marketing ofrece pistas valiosas sobre dónde pueden surgir las próximas grandes oportunidades. Por ejemplo, la automatización de procesos y el análisis predictivo están cambiando la forma en que operan las empresas, y los inversores que reconozcan estos patrones pueden beneficiarse significativamente.

Otro enfoque es estar atento a los cambios en las regulaciones y políticas gubernamentales que puedan afectar a industrias específicas. El creciente énfasis en la privacidad de los datos y la ciberseguridad, por ejemplo, ha creado una demanda de soluciones tecnológicas que garanticen el cumplimiento normativo. Las empresas emergentes que ofrecen tecnologías para proteger datos o que se centran en soluciones de privacidad pueden representar oportunidades de inversión prometedoras.

Las plataformas de financiación colectiva y de inversión colectiva también se han convertido en una herramienta valiosa para los inversores que buscan colaborar con empresas emergentes en sus primeras etapas. Estas plataformas permiten a los inversores individuales financiar proyectos e ideas que resuenan con sus visiones, creando un ecosistema donde las innovaciones pueden prosperar. Al hacerlo, los inversores pueden participar en el crecimiento de tecnologías que tienen el potencial de transformar industrias enteras.

Ejemplos de inversiones exitosas

Varios inversores han obtenido grandes beneficios invirtiendo en innovaciones tecnológicas. Un ejemplo es **Peter Thiel**, cofundador de PayPal y uno de los primeros inversores en Facebook. Su capacidad para identificar el potencial de Facebook antes de que se convirtiera en un gigante tecnológico le ha hecho ganar miles de millones. Thiel es conocido por su enfoque en empresas que desafían el status quo y que tienen potencial para crecer exponencialmente.

Otro ejemplo es **Marc Andreessen**, cofundador de Netscape e inversor de capital riesgo que cofundó Andreessen Horowitz. La empresa ha invertido en varias nuevas empresas exitosas, incluidas Twitter y Airbnb, que han transformado sus industrias. La estrategia de Andreessen Horowitz de centrarse en empresas que están a la vanguardia de la innovación le ha ayudado a crear una cartera sólida y diversificada, lo que ha dado como resultado rendimientos sustanciales para sus inversores.

El papel de los fondos de inversión y el capital riesgo

Los fondos de inversión y las empresas de capital riesgo desempeñan un papel crucial en la identificación y financiación de innovaciones tecnológicas. No sólo ofrecen capital sino que también brindan orientación y apoyo estratégico a las empresas emergentes. Los inversores institucionales tienen la capacidad de analizar las tendencias del mercado a gran escala, lo que les permite identificar oportunidades que pueden pasar desapercibidas para los inversores individuales.

La creciente competencia entre fondos de capital riesgo también significa que las nuevas empresas innovadoras tienen más opciones de financiación que nunca. Esto crea un entorno propicio para la innovación, donde se pueden probar y desarrollar nuevas ideas rápidamente. Para los inversores, esto significa que pueden acceder a un flujo constante de oportunidades para invertir en tecnologías emergentes.

La importancia de la diversificación

Invertir en innovaciones tecnológicas, especialmente

en startups, implica riesgos. Muchas startups fracasan y el capital invertido puede perderse. Por tanto, la diversificación es fundamental. Los inversores deberían considerar la creación de una cartera que incluya una variedad de nuevas empresas en diferentes etapas de desarrollo y sectores. Este enfoque ayuda a mitigar los riesgos y aumentar las posibilidades de obtener rendimientos positivos.

Otra forma de diversificar es invertir en fondos de capital riesgo o ETF (fondos cotizados en bolsa) que se centren en tecnología. Estos instrumentos permiten a los inversores tener exposición a una variedad de empresas en lugar de depender de una sola startup. La diversificación no sólo protege contra pérdidas, sino que también abre puertas a oportunidades que de otro modo no serían accesibles.

El futuro de las innovaciones tecnológicas

A medida que avanzamos, el futuro de las innovaciones tecnológicas parece prometedor. Nuevas tecnologías como blockchain, Internet de las cosas (IoT) y la biotecnología se están integrando cada vez más a la economía global. Para los inversores, esto significa que las oportunidades de inversión seguirán creciendo a medida que más industrias adopten estas tecnologías.

Además, el creciente interés en la sostenibilidad y las soluciones ecológicas está creando un nuevo campo de inversión. Las empresas emergentes que abordan problemas ambientales como el cambio climático y la contaminación están atrayendo atención y financiación. Esto no sólo brinda oportunidades de rentabilidad financiera, sino que también permite a los inversores contribuir a un futuro más sostenible.

En resumen, invertir en innovaciones tecnológicas y nuevas empresas de inteligencia artificial ofrece un camino emocionante y potencialmente lucrativo para construir fortunas. Al identificar las tendencias emergentes, diversificar las inversiones y seguir los cambios del mercado, los inversores pueden posicionarse para capitalizar las oportunidades que depara el futuro. La clave es mantenerse informado, abierto a nuevas ideas y dispuesto a actuar cuando se presenten oportunidades.

CAPÍTULO 17: EXPERIMENTE LA ECONOMÍA Y LA PERSONALIZACIÓN CON LA IA

El surgimiento de la economía de la experiencia

En los últimos años, la economía de la experiencia ha surgido como un nuevo paradigma económico, donde los consumidores están cada vez más dispuestos a pagar más por experiencias y productos personalizados. Este fenómeno está impulsado por la creciente demanda de interacciones únicas y memorables en lugar de simples transacciones comerciales. Según un informe de *Revisión de negocios de Harvard*, las empresas que priorizan la experiencia del cliente no solo destacan en sus respectivas industrias, sino que también logran un crecimiento más rápido y sostenible. Este cambio de enfoque hacia la experiencia y la personalización ofrece importantes oportunidades para las empresas que puedan integrar la Inteligencia Artificial (IA) en sus estrategias.

La IA desempeña un papel crucial en la personalización, ya que permite a las empresas analizar datos a gran escala para comprender mejor el comportamiento y las preferencias de los consumidores. Con esto, pueden crear ofertas más relevantes y personalizadas, aumentando la satisfacción del cliente y la lealtad a la marca. Este enfoque no sólo mejora la experiencia del consumidor, sino que también impulsa las ventas, ya que es más probable que los consumidores satisfechos recomienden productos y servicios a otros.

La personalización como diferenciador competitivo

La personalización se ha convertido en un diferenciador competitivo en un mercado saturado. Empresas como Amazon y Netflix son claros ejemplos de cómo la personalización basada en IA puede transformar la experiencia del cliente. Amazon, por ejemplo, utiliza algoritmos de recomendación que analizan el comportamiento de compra de los usuarios y sugieren productos que se alinean con sus preferencias. Esto no sólo mejora la experiencia de compra sino que también aumenta la probabilidad de repetir compras.

Del mismo modo, Netflix utiliza los datos de visualización para ofrecer recomendaciones personalizadas de películas y series. Esta estrategia no sólo mejora la retención de suscriptores sino que también aumenta el tiempo de visualización en la plataforma. Los estudios muestran que las recomendaciones personalizadas pueden aumentar la probabilidad de que un usuario vea contenido nuevo hasta en un 80%. Esto resalta la importancia de la personalización y cómo se puede aplicar en todas las industrias.

El papel de la IA en la creación de experiencias personalizadas

La IA no sólo facilita la personalización sino que también permite la creación de experiencias únicas. Por ejemplo, en la industria del turismo, las empresas están utilizando chatbots basados en inteligencia artificial para brindar recomendaciones de viajes personalizadas. Estos chatbots pueden interactuar con los clientes en tiempo real, analizando sus preferencias e historial de viajes para ofrecer sugerencias relevantes. Además, la IA puede ayudar a predecir patrones de comportamiento, lo que permite a las empresas anticiparse a las necesidades de los consumidores.

Un ejemplo interesante es el uso de la IA en eventos y experiencias en vivo. Algunas empresas están utilizando tecnología de reconocimiento facial para personalizar las experiencias de los eventos, ofreciendo contenido relevante según las preferencias de los asistentes. Este enfoque no sólo enriquece la experiencia del cliente, sino que también permite a las empresas recopilar datos valiosos sobre el comportamiento de la audiencia.

El valor de la personalización en la experiencia del cliente

La personalización genera un valor significativo en la experiencia del cliente. Los consumidores están dispuestos a pagar más por productos y servicios que satisfagan sus necesidades individuales. Un estudio realizado por *PwC* reveló que el 86% de los consumidores están dispuestos a pagar más por una experiencia de servicio al cliente personalizada. Esto demuestra que al invertir en estrategias de personalización, las empresas no sólo mejoran la experiencia del cliente sino que también pueden aumentar su margen de beneficio.

Además, la personalización puede resultar en un aumento de la lealtad del cliente. Los consumidores que se sienten valorados y comprendidos tienen más probabilidades de regresar y repetir sus compras. Esto crea un ciclo positivo donde la personalización conduce a una mejor experiencia del cliente, lo que a su vez resulta en una mayor lealtad y, en última instancia, un aumento en las ventas.

Historias de éxito en la implementación de IA y personalización

Varias empresas se destacan en la implementación

de IA para la personalización y el ahorro de experiencias. Sephora, por ejemplo, utiliza tecnología de inteligencia artificial para ofrecer recomendaciones de productos personalizadas según las preferencias de los clientes. Además, su aplicación de asistente virtual ayuda a los consumidores a encontrar los productos adecuados según sus necesidades específicas. Este enfoque no sólo mejora la experiencia de compra sino que también resulta en un aumento significativo de las ventas.

Otro ejemplo es Nike, que creó una plataforma de personalización que permite a los consumidores personalizar sus propios productos. Nike By You permite a los usuarios elegir colores, materiales y estilos, creando un producto único que refleja sus preferencias. Esto no sólo aumenta la participación del cliente sino que también genera una experiencia memorable que fomenta la lealtad a la marca.

El futuro de la economía de la experiencia y la personalización

El futuro de la economía de la experiencia y la personalización impulsada por la IA es prometedor. A medida que avanza la tecnología, se amplían las oportunidades de personalización. Las empresas que inviertan en IA y soluciones personalizadas estarán mejor posicionadas para destacarse en un mercado competitivo. Se espera que la personalización sea aún más sofisticada, con la capacidad de predecir las necesidades de los consumidores incluso antes de que las reconozcan.

La integración de tecnologías emergentes como la realidad aumentada (AR) y la realidad virtual (VR) también está preparada para transformar la experiencia del cliente. Estas tecnologías ofrecen nuevas formas de interactuar con productos y servicios, creando experiencias aún más inmersivas y personalizadas. Por ejemplo, un consumidor puede utilizar la RA para visualizar cómo quedará un mueble en su hogar antes de comprarlo, aumentando la probabilidad de compra.

La economía de la experiencia, impulsada por la personalización a través de la IA, está redefiniendo la forma en que las empresas interactúan con los consumidores. A medida que los consumidores se vuelven más exigentes y están dispuestos a pagar más por experiencias únicas, las empresas deben adoptar tecnologías que permitan la personalización a escala. La implementación efectiva de la IA no solo mejora la experiencia del cliente, sino que también brinda importantes oportunidades de crecimiento y ganancias.

Invertir en personalización e inteligencia artificial no es sólo una tendencia pasajera; es una necesidad estratégica para las empresas que quieren prosperar en la era digital. Aquellos que adopten estos cambios estarán bien posicionados para captar la atención de los consumidores y crear experiencias que resuenen profundamente, marcando el comienzo de una nueva era de lealtad y éxito en el mercado.

CAPÍTULO 18: CÓMO LA INTELIGENCIA ARTIFICIAL REMODELARÁ EL FUTURO DE LA RIQUEZA

El futuro de la economía de la IA

La Inteligencia Artificial (IA) se está convirtiendo rápidamente en uno de los motores clave de la economía global, dando forma no solo a las empresas existentes sino también creando nuevas oportunidades que tienen el potencial de generar la próxima generación de millonarios. Con el avance de las tecnologías de IA, se espera que el mercado laboral y la dinámica económica experimenten transformaciones profundas, especialmente en los mercados emergentes. Al explorar cómo las tendencias en inteligencia artificial y tecnología están dando forma al futuro de la riqueza, podemos comprender mejor cómo se están formando estos nuevos ricos y qué oportunidades están surgiendo.

Las tecnologías de inteligencia artificial se están aplicando en todos los sectores, desde la atención médica hasta la agricultura, y su capacidad para procesar grandes cantidades de datos de manera rápida y eficiente las hace indispensables. Un estudio del McKinsey Global Institute estima que la IA podría sumar hasta 13 billones de dólares a la economía global para 2030. Este crecimiento no solo provendrá de empresas establecidas, sino también de nuevas empresas y emprendedores en mercados emergentes que están aprovechando la IA para crear soluciones innovadoras y. disruptivo.

El papel de los mercados emergentes en la nueva economía de la IA

Los mercados emergentes están bien posicionados para beneficiarse de las tecnologías de IA, ya que a menudo tienen menos inhibiciones a la hora de adoptar nuevas tecnologías. Países como India, Brasil y Sudáfrica están experimentando un crecimiento acelerado en la adopción de tecnologías digitales e IA, lo que está resultando en un aumento de las oportunidades de negocio. Estos mercados tienen poblaciones jóvenes y ávidas de tecnología, listas para participar en los nuevos modelos de negocio que la IA puede ofrecer.

Un claro ejemplo es India, donde las nuevas empresas tecnológicas están utilizando la IA para resolver problemas locales, desde optimizar los procesos agrícolas hasta mejorar los servicios de salud. La empresa Niramai, por ejemplo, utiliza la IA para ofrecer un diagnóstico precoz del cáncer de mama, demostrando cómo la tecnología puede impactar positivamente en la vida de las personas y, al mismo tiempo, crear nuevas oportunidades de riqueza. A medida que estos mercados emergentes adopten soluciones basadas en IA, podemos esperar ver el surgimiento de nuevos millonarios que aprovechen estas oportunidades.

La IA y la creación de nuevas industrias

El auge de la IA no sólo está transformando las industrias existentes, sino que también está creando industrias completamente nuevas. A medida que las empresas buscan formas de incorporar la IA en sus operaciones, están surgiendo nuevas áreas de especialización, como el análisis de datos, la ciberseguridad y el desarrollo de algoritmos de aprendizaje automático. Esto está resultando en un aumento en la demanda de profesionales calificados que puedan trabajar en estas áreas, allanando el camino para nuevos emprendedores que estén dispuestos a explorar estas oportunidades.

Un ejemplo interesante es la industria de la salud digital, que se está expandiendo rápidamente a medida que se utiliza la IA para desarrollar soluciones que mejoran la eficiencia y eficacia de la atención médica. Las empresas emergentes que ofrecen servicios de telemedicina, como Teladoc, se están beneficiando de esta tendencia, convirtiéndose en líderes del mercado y creando oportunidades de riqueza para sus fundadores e inversores.

El potencial de la automatización

Además de crear nuevas industrias, la automatización impulsada por la IA está remodelando la forma en que operan las empresas. Con la capacidad de automatizar procesos y tareas rutinarios, las empresas pueden reducir costos y aumentar la eficiencia. Esto no sólo libera recursos para la innovación, sino que también crea oportunidades para nuevos modelos de negocio basados en servicios automatizados.

Por ejemplo, el sector manufacturero está viendo un aumento en el uso de robots equipados con inteligencia artificial para optimizar la producción. Estos robots no sólo aumentan la productividad sino que también reducen los errores, permitiendo a las empresas ofrecer productos de mayor calidad a precios más competitivos. A medida que se expande la automatización, nuevos empresarios están encontrando formas de monetizar sus habilidades en el desarrollo de software y la ingeniería de automatización, creando así un nuevo nicho de mercado que puede conducir a un aumento significativo de la riqueza.

La conexión entre IA y sostenibilidad

Una de las áreas donde la IA puede tener un impacto significativo es en la promoción de la sostenibilidad. A medida que el mundo enfrenta desafíos ambientales, las empresas buscan formas de volverse más sostenibles y la IA puede desempeñar un papel crucial en este esfuerzo. Las soluciones de IA se están aplicando en sectores como la energía, el transporte y la agricultura para optimizar el uso de los recursos y reducir la huella de carbono.

Las empresas emergentes que se centran en tecnologías sostenibles, como la agricultura de precisión, son cada vez más populares. Empresas como Indigo Ag utilizan la IA para ayudar a los agricultores a maximizar sus rendimientos y al mismo tiempo minimizar el uso de insumos químicos, creando un impacto positivo en el medio ambiente y abriendo nuevas oportunidades de ganancias. Esta intersección entre tecnología y sostenibilidad no sólo atrae inversiones, sino que también crea un nuevo grupo de emprendedores que se destacan en el mercado.

El impacto de la IA en la educación y la formación

El futuro de la riqueza también dependerá de cómo la IA esté transformando la educación y la formación laboral. Con la automatización y la digitalización prevaleciendo, la necesidad de habilidades tecnológicas está creciendo rápidamente. La IA puede personalizar el aprendizaje, haciéndolo más accesible y eficiente para personas de todas las edades.

Las plataformas de aprendizaje en línea como Coursera y edX están integrando inteligencia artificial para ofrecer cursos personalizados que se adaptan al ritmo y las necesidades de los alumnos. Esto significa que cualquier persona, independientemente de su origen, puede adquirir nuevas habilidades y calificar para trabajos que requieran conocimientos de inteligencia artificial y tecnología. A medida que más personas se vuelven calificadas, podemos esperar un aumento de la competencia y la innovación, lo que resultará en la formación de nuevos millonarios en todo el mundo.

La innovación como motor de riqueza

Por último, la innovación será un motor crucial de la creación de riqueza en el futuro. A medida que la IA siga evolucionando, se desarrollarán nuevas soluciones y servicios para satisfacer las necesidades cambiantes de los consumidores y las empresas. Esta dinámica crea un ciclo de innovación, donde quienes sean capaces de anticipar tendencias y ofrecer soluciones innovadoras tendrán la oportunidad de prosperar.

Las empresas emergentes a la vanguardia de la tecnología de inteligencia artificial, como OpenAI y DeepMind, están liderando el camino en términos de innovaciones que tienen el potencial de revolucionar la forma en que interactuamos con la tecnología. Estas empresas no sólo atraen importantes inversiones, sino que también crean nuevos empleos y oportunidades comerciales que pueden conducir a la creación de nuevos ricos.

La Inteligencia Artificial está preparada para remodelar el futuro de la riqueza en formas que todavía estamos empezando a comprender. Con el potencial de crear nuevas industrias, transformar mercados emergentes y optimizar los procesos existentes, la IA se está convirtiendo en una fuerza poderosa que puede generar nuevas oportunidades de riqueza para quienes estén dispuestos a adaptarse e innovar.

A medida que avanzamos hacia un futuro cada vez más dependiente de la tecnología, aquellos que aprovechen las oportunidades que ofrece la IA estarán en mejor posición para convertirse en los nuevos millonarios de la era digital. El impacto de la IA en la economía global es innegable y su capacidad para dar forma al futuro de la riqueza es un testimonio del poder transformador de la tecnología en nuestras vidas.

CAPÍTULO 19: EL CAMINO MÁS RÁPIDO HACIA UN MILLÓN: ESTRATEGIAS ACTUALES

Introducción

La búsqueda de riqueza es un objetivo común para muchas personas. En el mundo moderno, este deseo se ve alimentado por historias de éxito de millonarios y multimillonarios que lograron su fortuna a través de estrategias innovadoras y efectivas. En este capítulo, exploraremos las tácticas comprobadas que estas personas exitosas han utilizado para generar riqueza, con especial atención en el papel de la Inteligencia Artificial (IA) y las tecnologías emergentes.

La mentalidad de crecimiento

Una de las claves más importantes para convertirse en millonario es cultivar una mentalidad de crecimiento. Esta mentalidad se caracteriza por la voluntad de aprender, adaptarse y afrontar desafíos. Personas como Elon Musk y Richard Branson ejemplifican esta mentalidad, ya que ambos enfrentaron fracasos importantes antes de alcanzar el éxito. La capacidad de ver los fracasos como oportunidades de aprendizaje es un factor clave que permite a las personas recuperarse y continuar persiguiendo sus objetivos financieros.

La psicóloga Carol Dweck, autora del libro "Mindset: The New Psychology of Success", sostiene que las personas con una mentalidad de crecimiento tienen más probabilidades de asumir riesgos calculados y buscar soluciones creativas a los problemas. Esta voluntad de aprender y adaptarse es fundamental en un mundo en constante cambio donde las nuevas tecnologías como la IA están revolucionando las industrias y creando nuevas oportunidades.

El papel de la educación financiera

La educación financiera es otro componente crucial en el camino hacia convertirse en millonario. Muchos millonarios exitosos, como Warren Buffett, enfatizan la importancia de comprender cómo funciona el dinero. Invertir tiempo en aprender a invertir, ahorrar y administrar el dinero puede brindarle una ventaja significativa a la hora de generar riqueza.

La inteligencia artificial y las plataformas digitales están haciendo que la educación financiera sea más accesible que nunca. Aplicaciones como Robinhood y Acorns ayudan a las personas a invertir en acciones y ahorrar al ofrecer una interfaz fácil de usar que democratiza el acceso al mercado financiero. Esta accesibilidad permite que más personas desarrollen sus habilidades financieras, ayudándoles a tomar decisiones informadas que pueden conducir a la creación de riqueza.

Networking y Colaboraciones

Construir una sólida red de contactos es una estrategia que muchos millonarios adoptan para acelerar su camino hacia la riqueza. El networking eficaz no se trata sólo de conocer personas influyentes, sino también de establecer relaciones de colaboración que puedan generar oportunidades de negocio.

Personas como Oprah Winfrey y Mark Zuckerberg han construido sus fortunas, en parte, a través de colaboraciones y asociaciones estratégicas. La IA puede facilitar este proceso ofreciendo herramientas que conecten a personas con intereses similares. Plataformas como LinkedIn y herramientas de gestión de relaciones con los clientes (CRM) ayudan a mantener estas conexiones, permitiendo a empresarios y profesionales intercambiar ideas y explorar nuevas oportunidades.

Invertir en tecnologías emergentes

Los inversores más astutos buscan constantemente nuevas oportunidades en las tecnologías emergentes. La inteligencia artificial, la cadena de bloques, la biotecnología y las energías renovables son sólo algunas de las áreas que están atrayendo importantes inversiones y prometen un potencial de crecimiento explosivo.

Inversores como Chamath Palihapitiya y Peter Thiel son conocidos por su capacidad para identificar e invertir en nuevas empresas innovadoras antes de que se generalicen. Un estudio realizado por Crunchbase muestra que las nuevas empresas que utilizan IA tienen más probabilidades de recibir una inversión significativa, lo que destaca la importancia de mantenerse a la vanguardia de la curva tecnológica.

La Inteligencia Artificial también se puede utilizar para analizar las tendencias del mercado y predecir qué sectores tienen mayor potencial de crecimiento. Las herramientas de análisis predictivo como Google Trends y las plataformas de análisis de datos permiten a los inversores tomar decisiones informadas y basadas en datos.

Diversificación de inversiones

Otra estrategia vital para acumular riqueza es la

diversificación de las inversiones. La idea no es poner todos los huevos en una sola canasta, minimizando el riesgo y maximizando el potencial de retorno. Muchos millonarios e inversores de renombre, como Ray Dalio y Warren Buffett, defienden la diversificación como un enfoque fundamental para la creación de riqueza.

La IA puede desempeñar un papel importante en la diversificación al permitir a los inversores analizar rápidamente una variedad de activos y sectores. Con algoritmos que pueden procesar grandes cantidades de datos, la IA puede identificar oportunidades de inversión que pueden no ser evidentes a primera vista. Esto ayuda a los inversores a equilibrar sus carteras de forma eficaz manteniendo al mismo tiempo un nivel de riesgo aceptable.

Emprendimiento e Innovación

El espíritu empresarial es una de las rutas más comunes hacia la riqueza. Muchos millonarios han construido sus fortunas creando productos o servicios innovadores que satisfacen una necesidad del mercado. Steve Jobs, por ejemplo, convirtió a Apple en una de las empresas más valiosas del mundo, en gran parte debido a su capacidad para innovar y crear productos que cambiaron la forma en que las personas interactúan con la tecnología.

Sin embargo, la innovación no es sólo para quienes tienen una idea original. Con la IA, cualquiera puede explorar el espíritu empresarial, ya sea creando una aplicación, desarrollando un sitio web de comercio electrónico u ofreciendo servicios en una nueva plataforma digital. Las herramientas de inteligencia artificial están ayudando a los emprendedores a optimizar sus operaciones y llegar a un público más amplio, lo que puede generar un rápido crecimiento y, en última instancia, riqueza.

El impacto de las redes sociales

Las redes sociales han cambiado la forma en que las empresas se conectan con los consumidores y cómo las personas pueden construir sus marcas personales. Plataformas como Instagram, TikTok y YouTube ofrecen oportunidades incomparables para monetizar habilidades y pasiones.

Los influencers digitales y los creadores de contenido se están volviendo millonarios al construir sus marcas personales y monetizar a sus seguidores. La IA está desempeñando un papel crucial en la optimización del marketing digital, permitiendo a las empresas analizar los datos de los usuarios y personalizar sus campañas de marketing de forma eficaz.

Ejemplos de personas como Kylie Jenner y PewDiePie demuestran que construir una presencia en línea puede generar una riqueza significativa. La clave es comprender cómo utilizar las redes sociales para conectarse con una audiencia y crear una propuesta de valor que resuene entre los consumidores.

La importancia de la resiliencia

Finalmente, la resiliencia es un rasgo que comparten muchos millonarios. El camino hacia la riqueza rara vez es lineal y está plagado de desafíos y obstáculos. Aquellos que pueden recuperarse de los fracasos y seguir avanzando suelen ser los que logran el éxito.

La IA puede ayudar en este proceso proporcionando datos y análisis que ayuden a los emprendedores a aprender de los errores y ajustar sus estrategias comerciales. Además, las tecnologías de aprendizaje automático son cada vez más accesibles, lo que permite que cualquiera pueda utilizar estas herramientas para adaptarse y prosperar, independientemente de las circunstancias.

El camino más rápido para convertirse en millonario

en el mundo moderno requiere una combinación de mentalidad de crecimiento, educación financiera, creación de redes, innovación y resiliencia. Las tecnologías emergentes, especialmente la IA, están dando forma a este camino, ofreciendo nuevas oportunidades y herramientas que pueden acelerar el camino hacia la riqueza.

La clave del éxito es estar dispuesto a aprender, adaptarse y explorar las innumerables oportunidades que ofrece la era digital. Con un enfoque estratégico y la voluntad de aprovechar la innovación, cualquiera puede emprender el camino hacia la riqueza y convertirse en el próximo millonario de la era moderna.

PENSAMIENTOS FINALES: SU HOJA DE RUTA HACIA UN MILLÓN

A lo largo de este libro, exploramos una variedad de estrategias y herramientas que pueden convertir los sueños de riqueza en realidades tangibles. El camino para convertirse en millonario no es sólo una cuestión de suerte u oportunidad; Es, sobre todo, una cuestión de elección y acción. Con las herramientas y estrategias adecuadas, cualquiera puede trazar su propio camino hacia la prosperidad financiera.

El poder de las estrategias

Lo que distingue a los millonarios de los demás es su capacidad para aplicar estrategias efectivas de manera consistente. Cada capítulo de este libro ofrece información valiosa sobre diferentes aspectos que contribuyen al éxito financiero, desde la educación financiera hasta el espíritu empresarial y la innovación tecnológica. Es fundamental que los lectores no sólo comprendan estos conceptos, sino que también los pongan en práctica en su vida diaria.

A menudo, las ideas más simples pueden generar los mayores impactos. Por ejemplo, la automatización en los negocios puede parecer un pequeño paso, pero puede liberar un tiempo precioso y aumentar la eficiencia, permitiendo a los empresarios centrarse en estrategias de crecimiento. Asimismo, comprender la importancia de las redes y las colaboraciones puede abrir puertas que antes parecían inalcanzables.

Convertir ideas en acción

El verdadero desafío radica en transformar las ideas en acciones concretas. Este es el momento de actuar. Si alguna de las historias de éxito o estrategias analizadas lo ha inspirado, ahora es el momento de dar el primer paso. Empiece poco a poco, pero piense en grande. Ya sea usted un inversionista principiante o un emprendedor en ciernes, la acción es el catalizador que inicia el viaje hacia el éxito.

Identifique un área donde pueda aplicar lo aprendido. Podría ser implementar un nuevo software de gestión financiera, lanzar una pequeña empresa en línea o unirse a una red profesional. Cada pequeño paso es un progreso hacia tu objetivo final.

La mentalidad de éxito

Una mentalidad de éxito es esencial en cualquier viaje. Adopte un enfoque positivo y manténgase motivado, incluso ante los desafíos. La resiliencia y la capacidad de aprender de los fracasos son características comunes entre quienes logran grandes cosas. Recuerda que cada obstáculo es una oportunidad disfrazada para crecer y aprender.

Además, la curiosidad y la voluntad de seguir aprendiendo son fundamentales. El mundo cambia constantemente y la capacidad de adaptarse y evolucionar con nuevas tendencias y tecnologías es crucial para el éxito a largo plazo. La inteligencia emocional también juega un papel vital, ya que la capacidad de gestionar las emociones y las relaciones puede influir directamente en sus oportunidades comerciales.

Celebrando el éxito

A medida que avanzas en tu viaje, no olvides celebrar tus logros, por pequeños que sean. Cada hito alcanzado es testimonio de tu dedicación y esfuerzo. Esto no sólo refuerza su motivación, sino que también sirve como recordatorio de que el éxito es un proceso continuo y acumulativo.

Finalmente, recuerde que el estatus de millonario es más que solo números en un extracto bancario; se trata de libertad, oportunidades y la capacidad de impactar positivamente la vida de otras personas. A medida que construye su patrimonio, considere cómo puede utilizar sus recursos para marcar la diferencia en el mundo que lo rodea.

Conclusión

La conclusión de este libro no es un final, sino un nuevo comienzo. Con los conocimientos adquiridos y la determinación de actuar, tienes el mapa del millón en tus manos. El éxito financiero está a tu alcance; todo lo que tienes que hacer es dar el primer paso. Entonces, adelante, aplique los conceptos discutidos y comience a convertir sus ideas en acción. El camino hacia la riqueza está lleno de posibilidades y ahora, con las herramientas y estrategias adecuadas, usted está preparado para emprender este viaje.

www.ingramcontent.com/pod-product-compliance
Lightning Source LLC
Chambersburg PA
CBHW050314230526
45471CB00005B/2180